KB175451

어쩌다 정신과 의사

뇌부자들 김지용의 은밀하고 솔직한 진짜 정신과 이야기

어쩌다 정신과 의사

김지용 지음

심심

그와 나는 중고등학교 동창이다. 둘은 누구도 기대하지 않았지만 '놀랍게도' 엄청난 수능 성적표를 받아들고야 말았다. 하필 라이벌 의대에 입학한 우리는 우여곡절 끝에 의사가 되어 가장 대척점에 있는 전공을 선택했다. 나는 주로 몸을 사용하는 응급실에서, 그는 주로 말을 사용하는 정신과 진료실에서 일하게 된 것이다. 공교롭게도 둘은 직업적 고뇌를 대중에게 풀어내는 일 또한 하게 되었다.

다른 분야에서 일하는 오랜 친구가 보낸 글을 기쁘고 대견하게 읽었다. 응급실만큼 치열하고 절박한 고뇌가 담긴 곳이 정신과 진료실이다. 그는 정신과학의 매력과 한계를 고백하는 한편 자신에게 주어진 일의 의미를 깊고 진지하게 고민하고 있었다. 또한 타인의 내밀한 속내를 듣고 돕는 행위를 깊이 생각하고 반성하며, 행동에 옮기고 있었다. 무엇보다 그는 자기 일을 진심으로 사랑하고 있었다. 이 책은 평범한 인간이 정신과 의사라는 직분을 찾아가는 성장기이자 분투기다. 그는 내게 좋은 친구지만, 이번에는 그가 좋은 의사임을 알았다.

_**남궁인**, 응급의학과 전문의 · 《제법 안온한 날들》 저자

솔직히 말하면 나는 정신과 의사에 대한 편견이 있었다. 애정 없이 인간의 마음을 분석하고 판단하려 드는 사람들 같았다.《어쩌다 정신과 의사》는 정신과 의사라는 직업에 종사하는 한 개인의 이야기를 담백하게 들려준다.

이 책은 고통을 극복하는 방법이나 해결책을 제시하지는 않는다. 다만 회복의 여정을 함께하는 가이드로서 정신과 의사가 경험하는 감정과 생각을 솔직하게 들려준다. 환자에 대한 애정을 가지고 누구도 함부로 판단하지 않는 저자의 마음을 헤아리다 보면 스스로를 좀 더 너그럽게 바라보는 자신을 만나게 될 수도 있다. 또 정신 질환과 정신과 치료, 그리고 정신과 의사에 대한 편견이 조금씩 녹아 사라지는 걸 느끼게 될 것이다.

정신과 치료를 망설이고 있는 사람에게 이 책을 추천한다. 진료실 안, 내 건너편에 앉아 있는 사람도 나와 비슷한 아주 평범한 사람이라는 걸 알게 된다면 그 문을 열고 들어가기가 그렇게 두렵지는 않을 것이다.

_서늘한여름밤, 작가 · 팟캐스트 〈서늘한 마음썰〉 진행자

최근 유난히 우울해하던 친구가 얼마 전 나에게 도움을 요청한 적이 있었다. 아무래도 오늘 당장 병원에 가보아야겠다는 것이었다.

직장에서 일하던 그를 대신해 내가 병원을 예약해주기로 했다.

예약은 실패했다. 퇴근길에 바로 들르도록 그가 사는 집 근처 정신건강의학과를 모두 검색해 일일이 전화해봤지만 같은 대답이 돌아왔다. '지금 환자가 너무 많다, 예약이 밀려 있어 다음 달에나 가능하다, 초진의 경우 시간이 훨씬 많이 소요되기 때문에 더 오래 기다려야 한다…'

어떻게 이 정도로 성황이지, 의아해하며 전화를 계속 돌리다 불현듯 그 이유를 짐작할 수 있었다. 코로나 블루 때문이구나.

내가 얼마 전 동참했던 '덕분에 챌린지'는 반쪽짜리 감사였다. 코로나19 검사와 치료를 위해 애쓰는 의료진뿐 아니라 코로나 블루에 짓눌린 채 일상을 살아가는 사람들의 정신적 고통을 치료하는 의료진도 떠올렸어야 했음을 난 왜 이제야 깨달았을까. 정신과 의사로 살아가는 실제 삶을 놀랄 만큼 진솔하고 생생하게 알려주는 이 책을 읽고 나니 그때 미처 표하지 못한 나머지 반쪽의 감사도 턱없이 부족하게만 느껴진다.

_요조, 뮤지션 · 작가 · 책방무사 대표

머리말

정신과의 문턱은
더 낮아져야 한다

이 책을 쓰면서 마음속에서 가장 많이 맴돌았던 말이 있다.

'대체 왜 책을 쓰겠다고 했을까.'

안 그래도 시간이 부족하다. 본업인 진료가 끝나고 나면 많은 일이 나를 기다리고 있다. 〈뇌부자들〉 콘텐츠를 준비해 녹음과 촬영을 해야 한다. 북팟캐스트 〈서담서담〉 녹음을 위해 매주 책도 한 권씩 읽어야 한다. 일간지에 보낼 글도 적어야 한다. 〈뇌부자들〉 메일함엔 도움을 요청하는 사연과 협업을 제안하는 편지가 가득 쌓여 있지만, 대부분 답장을 드리지 못하고 있다. 일에 치여 가족과 함께 하는 시간도 턱없이 부족한데, 나는 어쩌자고 이 일상에 고난의 집필 행군을 추가했을까.

나무에게 미안한 일을 하는 건 아닌가 하는 생각도 있었다. 서점에 가면 정신과 의사가 펴낸 책을 쉽게 찾아볼 수 있다. 그중엔 눈에 잘 띄는 가판대 위에 수북이 쌓여 있는 베스트셀러도 있고, 나와 친구들이 과거에 펴낸 책처럼 더 이상 찾는 이가 없어 자취를 감춘 책도 많다.

나는 왜 책을 썼는가에 답하기 전에 우선 정신과 의사의 책이 그토록 많이 쏟아져 나오는 이유를 곰곰이 생각해봤다. 어찌 보면 지극히 자연스러운 결과일지도 모른다.

정신과 의사는 많이 듣고, 많이 적는다. 매일 다양한 세계들을 접하고, 그 감상을 진료기록부에 기록한다. 듣고, 느끼고, 적다 보면 무언가를 깨닫는 순간들이 있다. 자신의 발견을 타인과 공유하고 싶은 마음은 사람의 본능이다. 대부분 그런 마음으로 글을 쓰지 않았을까? 자신의 깨달음을 널리 알리고픈 아이 같은 마음도, 그 깨달음이 직접 만나지 못한 이들의 삶에 작으나마 도움이 되기를 바라는 더 성숙한 마음도 있었을 것이다. 그렇게 탄생한 좋은 책이 이미 다 읽어볼 수 없게 많다. 그런데 나는 왜 한 권을 더 보태는 걸까. 나만의 새로운 이론이 있는 것도 아닌데.

┼

진료실을 찾는 분들이, 실제의 나와는 전혀 다른 정신과 의사를 기대하고 오셨다는 것을 느낄 때가 있다.

"너무 어리신 것 같아서 당황스럽네요."

"명확한 답을 알려주시면 좋겠어요."

"선생님도 모른다고 하시면 어떻게 해요. 그걸 알려고 온 건데."

진료실 밖에서도 비슷하다. 가끔 출연하는 텔레비전 프로그램에서도, 모임 자리에서도 내겐 없는 모습을 바라는 사람들을 만났다.

"그런데 그 사람은 왜 그렇게 행동하는 거죠?"

"제가 지금 무슨 생각을 하는지 선생님이 다 꿰뚫어볼 것 같아요."

다 알고 있어야만 할 것 같다. 나는 전혀 모르겠는데. 진료실 안팎에서 만나는 이 반응들은 정신과 의사를 인생사의 모든 문제에 해답을 가지고 있는 현자 같은 존재로 기대하고 오해한 데서 비롯된 것이리라. 그런데 이 잘못된 기대와 오해를 정신과 의사들 스스로 유도한 측면도 없지 않다. 우리가 주로 그런 모습들만 보여 온 것이 사실이다. 방송에서, 강연에서, 책에서 항상 가르치는 입장이었으니까. 그 모습은 필연적으로 반감을 낳는다. 그래서인지 온라인 댓글 창에서는 더 직설적인 반응을 자주 만났다.

"책으로만 공부한 놈들이 뭘 알아? 현실이 어떤지도 모르는 것들이…."

사람들의 뇌리에 정신과는 결국 이런 곳으로 자리 잡은 것 같다. 삶의 여러 문제에 답을 알려주는 곳. 그러나 가기엔 왠지 마음이 내키지 않는 곳. 막상 가보면 기대한 답이 아닌 약을 주는 곳.

나는 정신과의 문턱이 지금보다 더 낮아졌으면 좋겠다. 아니, 더 낮아져야만 한다. 그 문턱을 넘지 못한 채 시간을 끌다 병이 악화되어 삶이 무너져 내린 사람을 너무 많이 만났다. 정신과에 대한 오해와 편견이, 치료가 필요한 이들의 발길을 가로막는 현실을 질리게 목격했다. 그 오해와 편견을 없애기 위해, 정신과와 정신 질환에 관해 정확한 정보를 전달하기 위해 친구들과 함께 지난 몇 년간 〈뇌부자들〉을 만들어왔다.

우리뿐 아니라 그간 많은 정신과 의사가 다양한 매체에서 적극적으로 활동하며 정신과의 대중화를 위해 노력해왔고, 분명 큰 성과를 이뤄냈다. 하지만 아직도 굳건히 남아 있는 그 문턱을 조금 더 낮추기 위해선 기존과는 다른 방식의 접근도 필요하다는 생각이 들었다. '가르치는 사람'의 모습만으론 한계가 있다고 느꼈다.

그래서 이 책에서 나는 정신과 의사가 어떤 사람인지 더 솔직하게 이야기해보려 한다. 이 책에 등장하는 정신과 의사는, 어쩌면 당신의 기대를 배반할지도 모른다. 삶의 나락에 빠진 누군가를 척척 구원해내고, 마음의 모든 문제에 마법처럼 해결책을 제시하는 '산꼭대기의 현자' 같은 정신과 의사는 이 책에 없다. 나를 비롯해 내가 아는 동료들은 다른 모든 이처럼 자기 인생의 산길을 오르다 헤매기도 하는 사람이다. 대신 정신과 의사는 그렇게 헤맬 때 어떻게 대처해야 하는지를 배웠고, 또 꾸준히 공부한다. 정신과 의사는 그 지식을 바탕으로 인생의 방향을 잃고 힘들어하는 사람의 길을 함께 고민하며 찾는 가이드다. 그렇게 가이드로 살아가면서 내가 겪은 성공과 실패의 경험, 그때 느낀 감정들을 이 책에 허심탄회하게 털어놓았다.

책을 낸다는 것이 불안하기도 하다. 유명인도 아닌 일개 정신과 의사의 시시콜콜한 이야기에 대체 누가 흥미를 보일까? 헛된 시간과 노력을 들이고 있는 건 아닐까? 나는 진료실을 찾은 분들에게 자기만의 불안에 휩쓸리지 말고 전문가의 객관적인 시각을 믿어보라고 말하곤 했다. 나 역시 출판계의 전문가를 믿기로 했다. 내 글이 충분히 재미있고 의미 있다며 칭찬과 격려로 불안과 염려를 눌러준 이은정 편집장께 가장 먼저 감사의 마음을 전한다.

이 책에는 내 사적인 이야기 외에도 진료실 안팎에서 만난 사람들과 겪은 일화를 통해 내가 생각하는 인간의 심리와 관계의 의미를 풀어낸 장이 있다. 앞서 말한 것처럼 새로운 이론이나 대단한 깨달음이 있지는 않다. 그저 느낀 점을 최대한 솔직하게 적었다. 나는 정신과 의사가 '사람의 마음을 들여다볼 기회'라는 굉장한 특권을 허락받은 직업이라고 생각한다. 부족한 나를 믿고 마음을 열어준 분들에게 진심으로 감사드린다. 덕분에 많은 걸 배웠고, 배우고 있으며, 그를 바탕으로 아는 척 글까지 쓸 수 있었다.

책에 소개할 내 인생을 만들어준 분들도 계신다. 나는 '사람은 혼자 살 수 없다'고 강하게 믿는다. 그 믿음의 기틀을 만들어준 부모님께 마음을 다해 감사드린다. 말수가 적고 무뚝뚝한 사위를 항상 반기고 도와주시는 처가댁 부모님께도 감사드린다. 여러 가지 일을 벌이느라 함께 충분한 시간을 보내지 못하는 나를 항상 응원해주고 믿어주는 아내와 아이들에게 너무나 사랑하고 고맙다는 말을 하고 싶다.

오랫동안 끊겼던 독서를 다시 시작하게 만들어준 서미란 피디와 서인 아나운서에게도 감사드린다. 〈서담서담〉이 없었다면 정신없는 일상 속에서 사색을 할 기회도, 글을 적어볼 엄두도 내지 못했을 것이다.

마지막으로 지난 10년간 가족처럼 많은 시간을 함께 보낸 〈뇌부자들〉 친구들에게 깊은 감사의 말을 전한다. 규형, 동훈, 정현, 희우 모두 앞으로도 지겹게 보겠지만, 지겨워하지 말고 지치지 말고 다 같이 〈뇌부자들〉을 이어 나갔으면 좋겠다. 웃으면서 마지막 방송을 녹음할 때까지.

1

어쩌다 정신과 의사

객관식 세계에서 만난
주관식 나라

"의대에 입학한 지 4년 만에

드디어 의사가 되기로 결심했다"

우리나라에는 3000명이 넘는 정신과 의사가 있다. 내 생각에는 꽤 많은 것 같은데, 객관적으로 많다고 할 수 없는 숫자인가보다. 나와 처음 만난 사람들이 대부분 내 직업을 신기해하는 것을 보면. 그렇다 보니 여럿이 모인 곳에서 대화 주제가 자연스럽게 내 직업에 대한 이야기로 흐를 때가 잦다.

"요즘은 정신과에 많이들 온다면서요?"

"저도 진료 한번 받아야 하는데, 허허."

어디까지가 그냥 던진 말인지, 진짜 궁금한 것인지 알 수 없는 여러 질문들을 받노라면, 나도 어디까지 대답해야 할지 헷갈릴 때가 많다. 그중에서도 이 질문이 가장 어렵다.

"사람들 힘든 이야기만 계속 듣는 것도 괴롭지 않아요? 어떻게 정신과로 진로를 정했어요?"

뭐라고 대답해야 할지 막막하다. 왜냐하면 나는 어쩌다 정신과 의사가 되었기 때문이다.

＋

"전 의대는 정말 적성에 안 맞는 것 같아요. 그만두고 다른 데로 전과가 가능한지 알아볼게요. 그러게 내가 안 간다고 그랬잖아요!"

글이라 정제해서 표현했을 뿐, 그때 난 상당히 화가 나 있었다. 대체 왜 화를 낸 걸까. 누구도 아닌 나 스스로의 잘못 때문에 벌어진 상황이었는데.

당시 나는 두 번째 유급을 당했다. 의과대학에서는 한 과목이라도 F를 받으면 일 년을 다시 다녀야 한다. F학점을 받은 과목뿐 아니라 모든 과목을 재수강해야 한다. 후배들과 함께. 안 그래도 이미 후배들 사이에서 수업을 듣고 있었는데 한 학기 만에 또다시 한 과목에서 낙제점을 받았다. 이젠 두 학번 아래 후배들과 학교를 다녀야 했다. 친구들은 고등학교 3학년으로 올라가는데 나 혼자 1학년 교실에 남아 있는 상황과 똑같다. 만약 한 번 더 유급한다면? 세 번째에는 더 이상의 관용 없이 바로 제적이다.

의대를 졸업해 의사로 살아가는 것. 의대생이라면 누구나 당연하게 여길 이 과정과 미래가, 당시 내 머릿속엔 구체적으로 그려지지 않았다. 그렇기에 매우 적극적으로 성적에 연연하지 않는 삶을 살았다. 하지만 그런 내게도 이 상황은 무척 힘들었다. 부끄럽고 창피했다. 성적이 바닥이라도 당연히 할 줄 알았던 졸업이, 더 이상 당연하지 않다는 사실에 두려웠다. 어디서부터 문제였을까. 한 번으로는 정신을 차리지 못한 걸까. 내 능력이 심하게 부족한 걸까.

아무 뜻 없이 들어간 의대였다. 어려서부터 의사는 되고 싶지 않은 직업 중 하나였다. 곧잘 공부를 하던 내게 어머니는 가끔 '의사는 어떠냐'고 물어보셨다. 그때마다 나는 찰나의 망설임도 없이 강하게 거부감을 표현했다. 그런데 생각해보면 어린 내가 의사의 삶에 대해 뭘 알았을까. 가족이나 가까운 친척 중에도 의사가 없었는데. 그저 소아과 의사와 만난 아주 짧은 순간들만을 기초로 판단했으리라. 좁은 진료실에서 종일 나 같은 어린 아이만 계속 보고 있는, 갈 때마다 같은 말만 하는 듯한 의사의 삶이 심심하고 지루해 보였다.

어린 시절 내 꿈은 고고학자였다. 그 꿈은 꽤 오래 지속됐고, 나는 당연히 그 일을 하리라 생각했다. 돌이켜보면 그 꿈 역시 진지하게 고민하고 탐색한 결과 만들어진 것은 아니었다. 또 온전한 내 의지로 인한 것도 아니었다. 대학에서 역사학을 가르치셨던 아버지의 영향으로 집에 역사책이 많았고, 어린 시절 나는 책 읽기를 좋아했다. 그리고 자연스럽게 고고학자가 되는 것이 내가 선택한 내 삶의 길이라 믿으며 자랐다. 예기치 못한 브레이크가 걸리기 전까진.

고등학교 2학년을 앞두고 문과와 이과를 선택해야 하는 때였다. 고고학과에 가겠다는 내게 다른 사람도 아닌 아버지가 반대를 하고 나섰다. 아버지는 당시 나로서는 이해하기 힘든 이유를 들었다. 너무나 배고픈 길이 될 것이며, 이미 지나간 과거를 파헤치기보단 현재 사회에 실질적인 도움이 되는 일을 했으면 좋겠다는 말도 덧붙이셨다. 납득하기 어려웠다. 아빠는 해놓고 왜 난 안 된다는 것인지. 내가 재미있어 열정을 쏟아붓고 싶다는데 왜.

사춘기의 저항은 거셌지만 결국 내 패배로 끝났고, 나는 문과 안에서 다른 진로를 알아보지 않고 공대를 가기로 결정했다. 우주항공학과에 가겠다고 혼자서 정했다. 왜 그 길인지도 몰랐다. 그냥 갑자기 눈에 보여서 그렇게 정해버렸다. 과거를 들여다보는 길을 가지 말라고 하니, 단순히 가장 극단에 있는 미래의 학문을 선택했나 보다. 홧김에 내린 결정이었다.

우주항공학과에 가겠다던 나는 어쩌다 의대에 가게 되었다. 유명한 불수능이었다. 모의고사 성적대가 나와 비슷했던 친구들이 모두 30, 40점씩 하락한 점수를 받아 들었는데, 이상하게 나 혼자만 본래 점수에 남아 있었다. 초등학교 졸업 이후 처음으로 전교 1등을 했다. 그것도 큰 점수 차로. 주변 모든 사람이 의대를 쓰지 않기엔 아까운 점수라고 말했다. 부모님도 세 개 지원서 중 하나만이라도 의대에 넣어보기를 권유하셨다.

'그래, 지금까지 키워주신 부모님께 이 정도는 양보할 수 있지. 의대는 어찌 될지 모르겠지만, 공대 두 군데는 붙을 테니까. 혹시 셋 다 합격하면 그때 가서 부모님을 설득하자.'

하지만 사람의 인생이 매번 계획대로 흘러가는 것은 아니다. 아무리 당연해 보이는 예측도 쉽게 빗나가는 것이 인생이다. 왜 세 곳 중 합격선이 월등히 높던 의대에만 합격했는지 그 이유는 아직까지도 모르겠다. 그리고 그 시점에서 나는 재수가 아닌 의대 입학을 결정했다. 심지어 공대에 가지 못한 것을 하나도 아쉬워하지 않았다. 애당초 간절한 바람이 아니었으니까. 고고학자로의 삶을 그리던 미래가 사라진 이후, 나는 머릿속에 진지한 미래를 그리는 것을 포기해버렸다. 나름 열심히 그리던 그림이 뜯겨 나간 이후, 내 미래라는 하얀 여백의 스케치북에 다시 무언가를 그리고 싶지 않았다. 그저 주변의 바람에 붓이 흔들리며 그려지는 대로 내버려두었다. 또다시 상처받는 것을 막기 위한 적극적인 회피였을 것이다.

÷

그렇게 들어간 의대는 고등학교 때처럼 적당히 공부해서 살아남을 수 있는 곳이 아니었다. 모든 것이 달랐다. 이런 혼란을 나만 겪은 것은 아닌데, 중고등학교 동창인 응급의학과 전문의 겸 작가 남궁인의 글에는 나와 비슷한 상황이 나온다.

놀랍게도 수능 한 방으로 의대에 입학했다. 사실 무슨 일이 일어났는지 지금도 잘 모르겠다. 대학에 입학하자 진짜 공부를 잘했던 놈들 천지였다. 어차피 여러모로 이길 수도 없었고, 졸업만 하면 의사가 되는 길에 있었다. 돋보이고, 다르게 보이고는 싶었으므로 좌충우돌의 대학 시절을 보냈다.

나 역시 그랬다. 적응하기 쉽지 않았고, 적응하고 싶지도 않았다. 공부 외의 다른 것에만 빠져들었다. 대입 후 예과 2년 동안 열심히 노는 의대생들의 모습을 보고 사람들은 흔히 이렇게 말한다. (의과대학은 예과 2년, 본과 4년으로 구성된다. 예과 성적은 나중에 의사가 되는 데 반영되지 않는다.) 대입 전까지 못 놀고 공부만 하며 억눌려 있던 욕구가 폭발해 나오는 것이라고. 물론 나도 그랬을 수 있다. 하지만 그게 전부는 아니었다.

진료실에서 인정욕구에 관한 이야기를 자주 듣는다. 항상 스스로가 부족하다며 자책하고, 모든 상황에서 다른 사람의 눈치를 보느라 지친 사람들. 학생, 직장인, 자영업자, 가리지 않고 흔하게 관찰되는 이 심리의 주인공들은 외모, 학업, 업무 수행능력, 친화력, 재력 등 다양한 영역에서 부족함을 느낀다. 또 끝없이 다른 사람의 '인정'에 목말라 한다. 이들이 느끼는 갈증은 대부분 어린 시절, 있는 그대로 충분히 인정받지 못한 경험에서 싹튼, 뿌리 깊은 결핍이다. 그래서 치료자의 객관적인 시각으로 볼 때 충분히 괜찮은 사람이라고 아무리 말해도 갈증은 쉽사리 해결되지 않는다. 이를 해결하기 위해선 심리적 재양육이라 표현할 만한 긴 상담과 치료가 필요하다.

내게도 인정욕구가 있었다. 무의식 속에 숨은 인정욕구가 당시 내 삶을 지배했다. 사실 나는 너무나 감사하게도, 어린 시절 결핍이 없었다. 부모님께서는 나를 있는 그대로 충분히, 아니, 넘치도록 사랑해주셨다.

집 밖에서도 대부분 좋은 평가를 받았다. 어린 시절부터 내가 받았던 칭찬과 인정의 큰 원동력은 '좋은 성적'이었다. 초등학교에 입학하는 순간부터 고등학교를 졸업할 때까지 나는 '공부 잘하는 아이'로 인정을 받았다. 그것들이 10년 넘게 쌓여 내 자존감을 이루는 중요한 구성 요소가 되었다. 그런데 결핍만큼은 아니지만 때로는 과도함도 독이 된다. 어느새 나는 마음속으로 '인정받음'을 마치 당연한 것처럼 여겼다.

대학에 들어가니, 그것들이 순식간에 사라지는 상황에 처했다. '최고로 공부 잘하는 아이들'을 만났다. 1등이었던 100명이 모이면 자기 자리를 새로 찾는 과정이 생긴다. 계속해서 1등에 머무르는 사람도 있지만, 한 번도 가본 적 없는 100등으로 가는 사람도 있다. 모두가 1등을 할 수 없으니, 당연하고 피할 수 없는 과정이다. 이를 받아들이는 방식은 사람마다 다양하다. 나는 도전보다 회피를 선택했다. 1등을 놓쳐본 적이 없는, 공부로는 이길 가능성이 희박해 보이는 새로운 친구들. 바닥이라도 졸업만 하면 1등과 똑같은 의사가 되니 열심히 놀라는 선배들의 말들. 이 모두를 종합하니 '회피'가 꽤 합리적인 선택이라는 생각이 들었다.

'난 모자란 게 아니야. 애초에 최선을 다하지 않았으니까.'

'적당히 공부해 낮은 성적으로 겨우 진급하고 결국 졸업해 의사로 활동하는 사람이 많다. 나도 그렇게 지내면 된다.'

하지만 내 진짜 속마음은 그 타협안에 온전히 만족하지 못했다. 남궁인의 글에 나오는, 돋보이고 싶은 마음, 다르게 보이고 싶은 마음이 내게도 있었다. 공부 대신 내가 잘한다고 느끼는 것에, 잘한다는 말을 듣는 것에 집중했다. 내가 좋아하고 잘하는 게임과 농구에서 인정받는 경험을 하며 나도 모르게 그것들에 더 빠져들었다. 적당한 수준을 넘어 완전히 공부를 놓아버렸다. 그냥 공부 못하는 아이가 아닌 '잘 노느라 공부 못하는 아이'가 되고 싶었나 보다. 그게 무너져 가는 자존감을 지켜내는 방법이었다.

그때 난 내 마음을 들여다볼 줄 몰랐다. 가끔씩 이게 아닌데 싶은 생각이 들었지만, 그 이야기를 할 곳이 없었다. 속내를 털어놓는 것에도 익숙하지 않았기에 아주 가끔 술기운을 빌려 동네 친구들에게 말하곤 했다. 그럴 땐 누구나 부러워하는 곳에 진학해놓고는 배부른 고민을 한다는 반응이 돌아왔다. 그러게. 당연했다. 재수, 삼수생 친구들 앞에서 그런 말을 꺼내는 것은 누가 봐도 개념 없는 행동이었다.

그렇게 3년이 넘는 시간을 보냈다. 그 시간 속에 첫 번째 유급이 있었다. 예전에 《자존감 수업》을 읽는데 반가운 대목이 나왔다. 책을 쓴 윤홍균 선생님은 자존감에 가장 큰 상처를 입은 기억으로 유급의 순간을 뽑았다. 선생님께서도 유급생 출신이구나! 유급. 어제까지의 동기들이 선배가 되고, 후배들과 동급생이 되는 일. 분명 가벼운 일이 아니다. 그런데 현실을 아주 적극적으로 외면하며 살던 내게는 유급조차도 큰 타격으로 와닿지 않았다. 그저 자연스럽게 있을 수 있는 일 정도였다.

학교를 가지 않던 어느 날, 동네에서 우연히 남궁인을 만났다.

"잘 지내? 거기 의대는 다닐 만해?"

"어, 나 유급했어!"

"어? 너도? 나도야!"

마치 너도 점심에 짜장면을 먹었냐는 듯 웃으며 헤어질 정도로 그 당시의 나는 심각하게 생각하지 않았다. 하지만 두 번째는 받아들이기 쉽지 않았다.

정신과 의사가 된 후, 인생의 소중함을 잃어버린 듯한 태도를 보이는 중독자들을 만나곤 했다. 가까운 사람들이 눈물로 호소해도, 논리적으로 설득해도 소용없다. 그 모든 것을 머리로는 이해하지만, 스스로의 삶을 망치는 중독에서 헤어 나오지 못한다. 그들도 고민이 없겠는가. 한 꺼풀 열어 보여주는 그들의 속마음은 너무도 힘들고 불안하다. 하지만 마주칠 현실이 너무도 두렵기에 술로, 약으로 잊으려 할 뿐이다. 그런데 아예 바닥까지 무너지는 경험을 한 후에 더 이상 현실을 회피하지 않고 중독에서 벗어나는 분들을 종종 만났다.

물론 감히 비교할 수 없을 정도로 다른 상황이지만, 나 역시 그랬다. 첫 유급 뒤에는 더 열심히 게임과 농구를 했다. 대입 후 3년이 넘도록 한량처럼 시간을 낭비했다. 가끔씩 서점의 역사 코너에 들러 이 길로 간다면 다시 열심히 살 수 있을지 잠시 고민하곤 했지만, 그걸로 끝이었다. 그 이상의 어떤 노력도 없었다.

그리고 두 번째 유급으로 진정 바닥이 보일 때가 되어서야 위기감을 느꼈다. 하지만 너무나 미성숙했던 나는 잘못을 인정하고 정면 돌파하기보다는 그 상황에서조차 비겁하게 남을 탓하며 회피하려 했다. 결국엔 내가 결정한 의대 입학이었음에도, 입학한 지 몇 년이 지난 때였는데도 부모님께 원망을 쏟아낸 것이다.

그런데 다음 순간 부모님의 반응은 예상 외였다. 그러라고, 네가 원하는 대로 그만두라고 선선히 대답하는 부모님 말씀에 나는 굳어버렸다.

구석에 몰린 순간, 나는 의대에 남는 것을 선택했다. 많은 것이 두려웠기 때문이다. 뒤늦게 새로운 길에 도전하기 두려웠다. 완전히 패배자의 모습으로 떠나는 것도 두려웠다. 내가 아직까지 가지고 있는 '명문대 의대생'이란 타이틀을 내려놓는 것 역시도 두려웠다. 그게 없어지면 나에겐 아무것도 남지 않을 것 같았다. 그렇게 나는 남았고, 더 이상 누구도 탓할 수 없는 온전한 내 선택이 되어버리니 마음 속 갈등은 저절로 줄어들었다. 최고로 공부 잘하는 아이들 속에서 공부를 전혀 하지 않되 낙제는 당하지 않는 것, 그 자체가 욕심이고 건방진 생각이라는 자각이 들었다. 그 뒤로 많은 것이 바뀌었다. 다행히 더 이상의 유급은 없었고, 바닥을 기던 학점도 꾸준히 올라가 중간 이상의 성적으로 졸업할 수 있었다.

그렇게 나는 어쩌다 의사가 되었다. 의대에 입학한 지 4년 만에 드디어 의사가 되기로 결심했다.

✢

의사가 된다면 어떤 세부 전공을 선택할 것인가. 배우는 수업마다 재미가 없었기에 난감했다. 이 길로 평생을 살아갈 수 있을까. 하지만 더 이상 고민할 여유가 없었기에, 어쨌든 졸업을 한 뒤 나중에 길을 찾자고 스스로와 타협했다. 그러다 정신과 수업을 듣게 되었다. 의학이란 학문 안에 이렇게 다른 세계가 있다니. 객관식 세계에서 유일한 주관식 나라를 만난 느낌이었다. 신기했다. 정신과 의사는 과학자 사이의 마법사 같았다. 과학과 마법을 동시에 배우는 마법사들. 아직 밝혀지지 않은 부분이 많은 학문이라 어찌 보면 모호하지만, 그래서 재미있어 보였다. 심리적인 이유로 눈이 멀고 다리가 마비될 수 있다니. 그리고 그걸 상담으로 치료해낸 사람이 있다니. 진단을 내리는 과정도 복잡했지만, 같은 진단명이라도 사람마다 발병 원인, 나타나는 증상, 심리, 치료 방법까지 모두 달랐다. 질병이 아닌 그 사람의 마음을, 인생을 더 넓게 바라봐야 했다. 계속해서 다른 사람의 새로운 이야기를 만나게 될 것이니, 이 길이라면 질리지 않을 것 같았다.

그리고 정신과 의사가 된 지 10년이 지나 과거를 회상하며 책을 쓰고 있는 요즘, 출근길 지하철 안에서 문득 이런 질문이 떠올랐다.

'그래서 결국 나는 왜 정신과에 흥미를 느낀 거지? 그냥 신기해보여서? 질리지 않을 것 같아서? 내게는 그게 가장 중요한 기준인가?'

그리고 다음 순간, 나는 그동안 생각하지 못했던 한 가지 사실을 깨달았다. 일부러 찾거나 만들어내지 않았는데, 자연스럽게 머릿속에 떠올랐다. 정신과 의사와 고고학자 사이에 묘한 공통점이 있음을. 둘 다 꽁꽁 잘 숨겨진, 깊이 파묻혀 있는 과거의 유물을 조심스럽게 찾아 들어가는 일이라는 사실 말이다. 각각 땅속과 사람 마음속이라는 차이가 있지만 둘 사이엔 유물을 발견해 과거 역사의 빈틈을 채우고, 그것들이 현재에 미치는 영향을 밝혀낸다는 공통점이 있었다. 진료실에서 정신과 의사는 발굴 현장의 고고학자처럼 사람의 마음속을 아주 조심스럽게 파헤친다. 그렇게 찾아낸, 마치 유물처럼 잊힌 채 묻혀 있던 기억과 감정은 그의 현재를 이해하는 결정적 단서가 된다. 의식하지 못하는 사이에 이런 공통점이 내 마음을 끌었는지도 모른다.

그렇게 내 인생의 길을 찾던 중 정신과를 만났고, 고고학자가 되고 싶어 하던 나는 어쩌다 정신과 의사가 되었다. 그리고 정신과 전공의로 근무하던 어느 날, 어쩌다 응급의학과 의사가 되어 우리 병원에 파견 나와 있던 남궁인을 만났다.

당시 그 친구는 개인 SNS에 참 많은 글을 쓰고 있었다. 정말 이해할 수 없는, 이상해 보이는 글들이었다. 내 직업병일까. 친구의 정신세계가 많이 불안정하다는 생각마저 들었다.

"어떤 의미야? 솔직히 무슨 뜻인지 하나도 모르겠던데. 그런 글들을 왜 그렇게 꾸준히 써?"

"그냥 써. 그냥. 너 말고도 다들 왜 쓰냐고, 이상한 글 쓰지 말라고 얘기해. 그런데 그냥 써."

내가 글쓰기를 말리던 그는 베스트셀러 작가가 되었다. 내가 알기로 그의 인생 계획엔 이런 스토리가 없었는데, 어쩌다 보니 그렇게 되었다. 그리고 나 역시 인생 계획에 없던 내 책에 이 이야기를 싣고 있다.

어쩌다 의사, 어쩌다 정신과 의사가 된 나는 어쩌다 시작한 팟캐스트 〈뇌부자들〉 활동을 통해 다양한 일을 하게 되었다. 어쩌다 보니 2년 넘게 매주 방송국에 직원처럼 출근하고 있고, 언론사에 정기적으로 글을 보내고 있다. 그리고 어쩌다 보니 지금은 두 번째 책을 쓰는 중이다.

진료실에서 만나는 다른 모든 이의 인생과 마찬가지로 내 인생에도 계속해서 예측하지 못한 새로운 길이 나온다. 지난 몇 년간 비교적 순탄했던 이 길은 어떻게 이어져 있을까. 어떤 암초를 만날까. 언제 끝나고, 어떻게 새로운 길로 이어질까. 모른다. 아무도 내게 알려줄 수 없다. 나 역시 진료실에서 만나는 이들에게 미래를 알려주지 못한다. 그렇기에 현재에, 그저 내가 할 수 있는 것들에 집중하자고 말한다. 이래도 후회, 저래도 후회할 일이라면 그저 눈앞의 길을 걸어가 보는 것이 적어도 '지금'을 건지는 방법 아닐까. 지나간 과거를 구원할 수도, 다가올 미래를 보장할 수도 없지만 '지금'만은 내가 어찌해볼 수 있으니까. '내 손이 닿는 지금 여기가 가장 소중하다. 그렇기에 흘러가는 이 순간순간을 잘 느끼고 싶다.' 이런 자세로 삶을 살아야 한다는 걸 이제는 알게 되었다. 정신과 의사로서 공부하며 반복해서 들었고, 수많은 사람과 이야기하며 확실히 깨달았다. 물론 알면서도 여전히 잘 안 된다는 게 문제지만, 그러기 위해 노력한다. 현재 내가 느끼고 생각하는 것들에 숨어 있는 의미. 그것들을 더 잘 알아챌 수 있도록 내 마음속을 들여다보고 정리해보려 애쓴다. 이 책을 쓰는 것 역시 그 애씀의 흔적이다.

정신과 의사의
고통 배틀

"편하게만 살아온 의사들이 뭘 알아.
책에서 배운 소리만 읊지"

"나는 너보다 훨씬 힘든 상황도 이겨냈어. 근데 겨우 그 정
도 가지고 우울증이라니. 의지가 약한 거지, 병 핑계 대지 마."

　지인이나 가족에게 들었다며 환자들이 자주 전해주는 멘
트다. 디테일만 약간 다를 뿐 기본적인 형태는 신기할 정도로 비
슷하다. 너보다 힘들었던 나도 멀쩡하니 넌 아플 자격이 없다는
말. 이른바 '고통 배틀'이다.

　이런 무례하고 경우 없는 언사에 화가 났다면 다행이다.
안 그래도 자존감이 낮아질 대로 낮아진 우울증 환자는 이런 말

에 크게 흔들리기도 한다. 내가 지금 힘든 것이 혹시 병이 아닌 핑계에 불과했던 것인가? 이런 생각은 자책으로 이어져 결국 스스로를 '아플 자격조차 없는 사람'으로 바라보게 만든다.

고통 배틀이란 말은 진료실에서 처음 들었다.

"팟캐스트 들으니까 선생님들도 힘들 때가 있었다던데. 그 말을 듣는 순간 이런 생각이 들었어요. 아무리 힘들었다고 해도 내 고통이 훨씬 더 크지 않을까? 고통 배틀을 하면 내가 당연히 이길 것 같은데? 그런데 금방, 이런 생각이 무슨 의미가 있겠나 싶긴 했어요."

머릿속에서 가상의 배틀만 잠시 벌이고 마음을 접은 이분과 달리, 사뭇 공격적으로 배틀을 신청하는 분을 만나기도 한다.

"솔직히 선생님이 제 마음을 어떻게 알겠어요. 의사니까 편하게 살아왔을 거고, 저처럼 이렇게 힘들어본 적은 한 번도 없을 거 아니에요."

이러한 반응은 진료실 밖에서 더 자주 만난다. 기고한 글이나 방송 클립에 달린 댓글에서도 목격한다.

"편하게만 살아온 의사들이 뭘 알아. 책에서 배운 소리만 읊지."

나도 사람인지라 순간은 욱하는 감정이 든다. '아니, 나에 대해 뭘 안다고?' 물론 나는 편하게 살아온 편이다. 괜히 찔려서 더 욱하는 것일지도 모른다. 그러나 내게도 힘든 순간은 있었다. 그것이 누군가의 눈에 별일 아닌 것처럼 보일 수는 있겠지만, 고통의 크기는 그야말로 주관적인 것이다. 때문에 웬만해서는 누가 더 힘들었다고 비교할 수가 없고, 그래서도 안 된다.

정신과 의사가 되기 위한 과정, 내게는 험하고 길었던 그 길은 분명 일반적인 시각으로도 편하다고 할 수만은 없다. 적어도 나는 그렇게 생각한다. 의사들에게는 저마다 힘들었던 순간이 있다. 의사가 되기 위해 해야 할 필수적인 학업과, 의사가 된 이후의 노동량 때문에.

내게 의대 시절은 '그저 항상 시험 기간'이었다. 우리 학교 의대에 관한 전설적인 이야기가 하나 있다. 어떤 선배 이야기다. 시험에 'severance'라는 병원 명칭의 기원을 적으라는 문제가 나왔다고 한다. 분명 점수를 주기 위한 교수님의 서비스 문제였을 것이다. 그런데 그 선물을 거부하고 'severe(가혹한)의 명사형'이라 답안을 적어낸 그 선배는 아마도 분노에 가득 차 있었나 보다.

누군지도 모를 그 선배의 마음이 완벽히 이해되는, 화가 나는 스케줄이었다. 분명 대학생이 되면 방학이 길어진다고 들었는데, 오히려 엄청 짧아졌다. 모든 휴일 다음 날 시험이 기다리고 있었다. 월요일, 설날 다음 날, 추석 다음 날, 크리스마스 다음 날. 나중엔 그게 너무 당연하게 느껴져 병원 실습을 도느라 시험이 줄어든 본과 3, 4학년 땐 어색하기도 했다. 하지만 놀게 놔둘 리 없으니, 그땐 일 년치 학점을 한 번에 주는 '임종(임상종합평가)'이 기다리고 있었다. 이름도 무서운 이 시험 기간엔 수능 같은 시험을 일주일간 매일 봤다.

하지만 의대 시절이 아무리 힘들다고 해도, 의사가 된 후 되돌아보면 그때가 진정 좋은 때였다. 산 넘어 똥밭이라는 말을 선배들에게 자주 들었다. 의사 생활의 꽃은 역시 인턴과 레지던트 시절이 아니겠는가. 똥밭에 구르는 듯한 시간이 기다리고 있다. 그 5년의 시간을 보낸 의사들에게는 각자 내세울 만한 이야깃거리가 몇 개씩은 있다. 동네 친구들끼리 모여 서로의 군 생활이 가장 힘들었다고 자랑하듯, 의사들끼리 모인 자리에서도 가끔 술기운이 오르면 병원에서의 일화로 고통 배틀을 벌인다.

이 배틀에서 나는 태생적인 체급의 한계를 가지고 있다. 나름 에당(에브리데이 당직) 기간도 있었고 1, 2년차엔 퐁당퐁당 (이틀에 한 번 당직)을 했지만, 병원 전체에서 볼 때 정신과 전공의의 업무량은 권투로 치면 플라이급에서 페더급 정도의 무게감을 지닌다. 100일째 집에 못 갔던 외과계의 혜비급 친구들과 경쟁이 될 리 없다. 그러니 그나마 내세울 무기는 모두가 공평하게 힘들었던 인턴 시절의 기억들이다.

-¦-

전공의 특별법(2017년 '전공의의 수련 환경 개선 및 지위 향상을 위한 법률 시행 규칙' 이른바 '전공의 특별법'이 시행됐다. 수련 기간 동안 인턴과 레지던트의 인간다운 삶을 보장하는 게 그 목적이다.)이 없던 예전 인턴 기간 도중엔 가끔씩 이게 현실이 맞나 싶을 때가 있었다. 다행히 일 년 내내 힘든 것은 아니다. 한 달마다 근무 부서를 변경하는데 부서별 난이도를 점수로 매겨 균형 있게 배치해놓았다. 난이도 1, 2점 수준의 과에서 일할 때는 아주 살 만하지만 난이도 9, 10점에서 일하는 기간엔 그야말로 정신을 차릴 수가 없다. 나의 경우 석 달이 힘든 시기였다. 흉부외과, 심장내과, 정형외과.

매일 1시간씩 자며 일하던 기간이 있었다. 당연히 퇴근은 없다. 계속 당직이니까. 밤새 병동에서 걸려오는 콜을 받고 위에서 시키는 일을 했다. 좀비처럼 병원을 걸어 다녔고 어디서든 바로 잠들 준비가 되어 있었지만, 끝없이 울리는 콜은 계속 나를 깨웠다. 2층 침대가 열 개 정도 놓여 있는 인턴 방에는 몇 명인지 정확히 알 수 없는 사람들이 같이 살았는데, 자다가 콜을 받고 돌아온 사이 누군가에게 잠자리를 뺏기는 일이 흔했다. 그래도 누구도 불평하지 않았다. 어딘가 비어 있는, 조금 전까지 누군가 있던 자리에 누우면 된다. 10점짜리 과를 돌고 있는 친구에겐 모두가 1층 침대를 지정석으로 양보할 만큼 인간미 넘치는 공간이기도 했다.

한 주에 한 번 있는 오프 날에는 병원 밖으로 나갈 수 있었지만, 좀비 같은 몸 상태로는 나가도 자는 것 외엔 할 수 있는 게 없었다. 꼭 봐야 한다는 주변 추천에 영화관에 들러 〈인셉션〉의 러닝타임 내내 주인공의 꿈이 아닌 내 꿈속을 뛰어다녔다. 그 꿈속 배경도 여지없이 병원이었다. 집에서 자고 오는 시간이 아까워 오프 날에도 인턴 방에서 자는 날이 점차 늘어났다.

한 방에 있는 스무 개의 콜 폰이 밤새 울린 횟수를 합치면 얼마일까. 처음엔 다른 사람의 콜에도 흠칫하며 깨지만, 점차 신기하게도 내 콜에만 반응하게 된다. 그리고 극한의 상황에 처하면, 분명 내가 통화했다는데 기억이 나지 않는 무서운 일도 벌어진다. 처음엔 친절하던 친구들이 하나 둘 파이터로 변해 어디 병동 간호사와 싸웠다는 이야기가 들려왔다. 수련을 중도 포기하고 병원을 떠나는 동료 인턴도 종종 목격했다. 콜을 끊은 뒤 마치 통화 종료음처럼 따라붙는 욕설이 하루 종일 들렸다. 언젠가부터 나 역시 원래 잘 안 하던 욕이 자연스럽게 입에 붙었다. 내년엔 정신과 의사가 되기를 희망하는 사람이 '죽을 것 같다'와 '죽고 싶다'는 말을 입에 달고 다녔다. 그러던 어느 날, 그런 인턴들을 수도 없이 목격했을 간호사 한 분께서 죽지 말라고 말해주었다.

"쌤, 죽으면 안 돼요."

진심이 담긴 목소리였다. 마음이 따뜻해졌다. 그래도 내가 힘들다는 것을 알아주고, 안타깝게 봐주는 사람이 있구나.

"쌤한테 처방받아야 하는 것들, 아직 많이 남아 있어요."

순간 생겨났던 마음의 온기는 3초 이상 지속되지 못했지만, 덕분에 크게 웃을 수 있었다. 그래, 진심일 수밖에. 우리는 일종의 운명 공동체였다. 레지던트들이 환자를 돌보느라 미처 처리하지 못한 일을 인턴이 대신해 잘 마무리했는지 확인한 뒤에야, 간호사들도 다음 사람에게 인수인계하고 퇴근할 수 있었다. 인턴이 잘 버텨내야 모두가 편했다. 병동에서 나름 소중한 일꾼이어서인지, 아니면 날로 초췌해지는 모습 때문인지는 모르겠지만 가끔씩 건네받는 따뜻함으로 힘든 시기를 버텼다. 시간 없어도 좀 먹어가며 일하라는 말과 함께 환자 보호자나 간호사들이 전해준 간식은 허기진 배 속뿐 아니라 마음까지 채워줬다.

이렇게 소소한 감동의 순간도 있었지만, 그보다 훨씬 잦은 빈도로 화나는 일이 있었다. 그중 지금 떠오르는 것은 병원 어딘가 숨어 자고 있는 1년차 레지던트를 찾아오라는 미션이었다. 안 그래도 쌓인 일들에 바빠 죽겠는데, 1000개 병상이 넘는 병원에서 마음먹고 숨어 있는 사람을 대체 어떻게 찾는단 말인가. 애초에 불가능한 일이라 그냥 무시하고 거짓으로 대답하면 될 터였다. 그런데 그때의 나와 우리는 열심히 모든 회의실과 화장실을 샅샅이 뒤지며 돌아다녔다. 그야말로 노예로서의 자세가 완벽하게 배어 있었다. 더 이상 견딜 수 없던 어느 날 밤, 동료들과 큰 결심을 하고 병원을 나갔다. 길 건너 곱창 집에 들어가 '더 이상은 못 해 먹겠다. 오늘은 콜을 받지 말자!'라며 전의를 다졌다. 그리고 역시나 금세 울린 호출. 우리는 공손하게 답하며 신속하게 돌아갔다.

그렇게 살던 어느 날 밤, 너무나 사이다가 마시고 싶었다. 분출구를 찾지 못하고 마음속에 자꾸만 쌓여가는 분노를 가라앉힐 청량감이 필요했나 보다. 전체 수면 시간 중 상당 부분을 투

자해야 하는 중대한 일이었지만, 큰맘 먹고 병원 편의점을 다녀왔다. 침대에 걸터앉아 마시던 그 한 모금, 그 상쾌함이 아직까지 선하다. 그러다 잠들었다. 근무복이 사이다에 젖은 채 정신을 차렸을 땐 사이다가 아까웠는지 내 신세가 처량했는지 잠시 눈물이 고였다.

며칠 후엔 먹을지 말지 고민하다 잠든 테이블 위 치킨 상자의 정체가 사실은 갑 티슈였음을 다음 날 아침 깨달은 일도 있었다. 그나마 원효대사의 해골 물처럼 휴지를 맛보지 않아서 다행이라고 해야 할까. 여기까지가 내 인턴 생활 중 두 번째로 힘들었던 기간의 이야기들이다. 최고의 순간은 너무나 처참하여 입 밖으로 잘 꺼내지 않는다. 안개 낀 듯 흐릿한 내 기억이 현실은 맞는 걸까 스스로 의심되고, 더 확인하고 싶지 않아 되도록 묻어두고 있다.

÷

지금까지 말한 이야기로 진료실에서 고통 배틀에 나선다면 몇 라운드까지 갈 수 있을까. 그때의 근무시간과 노동량만 따진다면 직장 생활이 힘들다는 사람 대부분에게 이길 수 있지 않을까. 하지만 분명 나는 1라운드에서 패배할 것이다. 무용담처럼 길게 적어놨지만, 사실 내가 겪었던 것은 그리 대단한 고통이라 부를 수 없다. 끝날 날이 분명한 것이었기 때문이다. 진료실에서 듣는 대부분의 고통은 앞날이 막막해보인다는 공통점이 있다. 고통의 끝이 언제일지 종잡을 수 없기 때문에 더 절망적으로 느껴진다. 그에 반해 인턴 시절의 고통은 기한이 확실하게 정해져 있다. 아무리 힘든 과를 돌아도 한 달이면 끝났다. 물론 한 달이 일 년처럼 느껴졌지만, 어쨌든 끝난다는 희망에 버틸 수 있었다. 그렇게 일 년을 버텨내면 그래도 선생님 소리를 듣는 레지던트가, 1년차 레지던트가 끝나면 조금 더 편해보이는 2년차가 될 것이었다. 그리고 언젠간 병원의 왕처럼 보이는 의국장이 될테고. 그 후에는 최종적으로 전문의가 되어 원하는 삶을 살겠지. 이런 막연하지만 긍정적인 미래에 대한 희망들이 대입 후 군의관까지의 14년짜리 코스를 버티게 해주는 원동력이다. 내 경우 그보다 조금 더 길었지만 나 역시 그렇게 버텼다.

　한편으로는 이런 생각도 든다. 지금의 진료를 하는 데 그 시간들은 왜 필요했을까? 정신과 의사에게 그 힘든 학업과 노동 시간이 왜 필요했던 걸까? 나는 왜 뇌 이외의 장기들을 공부했던 걸까? 지금은 잘 기억나지도 않는데. 저도 나름대로 힘들어

봤습니다, 이 말을 할 재료를 만들기 위해?

정신과 의사는 기본적으로 의사다. 심리 상담을 기대하고 찾아오시는 분도 많지만, 심리 상담사와는 그 역할과 정신 질환을 바라보는 시각에 분명한 차이가 있다.

대표적 정신 질환인 조현병을 예로 들어 보겠다. 대부분의 정신 질환이 그렇듯 조현병 역시 발병에 앞서 심한 정신적 스트레스를 겪는다. 발병과 함께 나타나는 환각과 망상. 이를 뇌 과학적으로 살펴보면, 과한 스트레스로 생긴 뇌 호르몬 시스템의 불균형이 원인이다. 도파민의 과분비가 환각과 망상을 만들어낸다. 반면 이를 정신분석적으로 해석하면, 심각한 스트레스 속에서 자아를 지키기 위해 새롭게 창조해낸 정신병적 세계로 도피한 것이다. 자신이 조현병에 걸렸다는 현실을 인정하는 것은 새로운 세계로 도피한 자아에게는 매우 위협적인 일이다. 더 이상 버틸 길이 없어진다. 그렇기에 그 사실을 인정하지 못하고 자신의 믿음이 망상이라 지적하는 이들과 맞서 싸운다.

동일한 질병에 대한 너무 다른 두 가지 해석. 마치 과학과 마법 같이 극명해보이는 차이다. 하지만 하나만 맞고 다른 하나가 틀린 것이 아니다. 둘 다 사실이며, 치료에 두 가지 접근이 모두 필요하다. 상담만으로 조현병의 환각과 망상 증상을 없애는 것은 불가능하다. 환자가 새로이 창조한 정신병적 세계를 무너뜨리기 위해선 원재료인 도파민 분비를 차단해야 한다. 그 세계가 너무 굳기 전에 가능한 한 빠르게. 그렇게 재료의 공급이 끊기면 환상의 세계는 모래로 쌓은 성처럼 자연스럽게 허물어진다.

그러나 약만 쓴다고 모두 해결되지는 않는다. 증상이 없어져도 현실로 돌아오기를 거부하고 치료에 저항한다. 구출 성공 확률을 높이기 위해선 현실로 돌아오기 힘든 마음을 알아채고 공감하는, 그럼에도 현실을 받아들이고 다시 현실 속에 살아가자고 조심스럽게 설득하는 과정이 있어야 한다.

조현병뿐 아니라 조울증, 우울증, 불안 장애 등 모든 정신 질환에 두 가지 해석이 존재한다. 그렇기에 최선의 치료를 위해선 과학과 마법 두 가지 모두를 사용해야 한다. 두 가지 중 어떤 무기를 어떤 비율로 사용해야 할지도 경우마다 다르다. 그 선택이 치료에 결정적으로 작용하기에, 두 가지 모두에 충분한 지식이 있어야 한다. 그렇지 않으면 내가 쓸 줄 아는 무기만 헛되이 휘두르다 치료에 실패할 수 있다.

공황장애로 긴 시간 치료를 받아왔지만 결국 부정맥 증상이었음이 뒤늦게 밝혀지기도 한다. 긴 상담과 꾸준한 운동으로도 호전되지 않던 무기력의 원인이 우울증이 아닌 갑상선 호르몬 이상으로 밝혀지는 경우도 많다. 정신과적 문제가 하나도 없던 분도 질병이나 수술 등으로 신체 컨디션이 저하될 때, 또는 복용 중인 약물의 부작용으로 환각과 망상을 경험하는 일이 생각보다 매우 흔하다. 그렇기에 정신과 의사가 좀 더 정확하게 진단하고 치료하려면 정신과학뿐 아니라 전반적인 의학 지식을 반드시 갖춰야 한다.

또한 약물치료만으로 모든 정신과적 증상을 없애는 것은 불가능하다. 어린 시절부터 차곡차곡 만들어져 온 약한 자존감과 애정결핍 때문에 겪는 만성적 우울감이 항우울제만으로 깨끗이 해결될 수는 없다. 불안정애착에서 기인한 대인관계 공포증이 항불안제만으로 사라지지는 않는다. 이러한 문제에는 장기적인 상담에서 비롯되는 '마법' 같은 힘이 필요하다.

정신과학은 과학과 마법을 모두 공부하고, 둘 사이의 연결점을 찾으려 노력하는 학문이다. 그리고 정신과 의사가 되기 전에 보낸 7년은 최소한의 과학적 기초를 다지기 위해 반드시 필요한 시간이다. 기초가 단단할수록 최선의 진료가 가능하다. 정신이 번뜩 들게 만드는 유급의 칼날을 맞아 좀 더 열심히 공부할 수 있었기에, 인턴 기간 동안 정신 질환뿐 아니라 다양한 질병을 경험했기에, 정신과 의사로서 도움을 드릴 수 있었던 분들이 분명히 있었다. 내게 치료를 받고 더 나은 삶을 살게 된 분이 단 한 사람이라도 있다면, 그토록 힘들었던 그 시간들에 충분한 의미가 있는 것 아닐까.

선생님은
왜 학교를 오래 다녔어요?

"10 대 1의 권투 스파링이
벌어지는 느낌이다.
프로 열 명과 일반인 한 명 사이의"

일 년의 인턴 기간은 내가 배운 학문이 실제 임상에서 어떻게 적용되는지를 병원 곳곳에서 직접 확인할 수 있는 소중한 시간이었다. 이제 그 경험을 토대로 수십 년간 내가 걸어갈 길을 선택해야 했다.

더위를 느낄 새 없던 인턴의 여름이 지나고 나면, 세부 전공을 결정해야 할 때가 온다. 레지던트에 지원해 탈락할 경우 자동으로 군의관이나 공중보건의사로 다음 진로가 정해지며, 3년간 복무를 마친 뒤에야 다시 지원 기회가 생긴다. 이미 동기들에 비해 2년이 늦은 나는 더 신중할 수밖에 없었다. 한창 격무에 시달리면서도 진로를 고민하던 가을, 드디어 찾아온 선택의 기로에서 나는 정신과 지원을 결정했다. 의사들 사이에선 유행처럼 몇 년을 주기로 선호하는 전공이 바뀌는데, 하필 당시엔 정신건강의학과의 인기가 높았다. 경쟁률이 꽤 높았기에 학부 성적이 별로 좋지 않던 내가 정신과에 지원한 일은, 분명 리스크가 높은 선택이었다.

　다른 전공에 지원할 생각이 없던 것은 아니었다. 정형외과에는 친한 선배가 정말 많았다. 선배들에게 정형외과 이야기를 하도 많이 들어서, 마치 나도 당연히 가야 할 것처럼 익숙한 곳이었다. 한편으론 '그래도 사람을 살리는 직업인 의사가 되었는데 남들이 가지 않는, 더 적극적으로 사람을 살리는 길로 가야 하지 않나' 싶어 흉부외과도 고민했다. 남들이 선호하는 길이 아닌 좁은 길로 가는 삶을 살아야 한다고 말하시던, 안정적인 교직을 박차고 나와 NGO를 개척하신 아버지 말씀이 머릿속에서 맴돌았다. 많은 이가 선호하고 몸도 편하다는 정신과에 지원하는 일이 뭔가 잘못을 저지르는 것처럼 느껴졌다.

　하지만 이번에는 남들이 아닌, 내가 원하는 길을 선택하고 싶었다. 대학 입학 원서는 세 곳에 넣을 수 있었지만, 딱 한 곳

밖에 고를 수 없는 이번엔 후회 없이 내 마음을 따라가보고 싶었다. 정신과 수업을 처음 들었을 때의 흥분과 설렘, 2주간의 학생 실습 기간에 정신병원에서 지냈던 때의 강렬함이 생생했다. 그때 보았던 새로운 세계와의 짧은 조우가 몇 년이 지나도 잘 잊히지 않았다. 그렇게 나는 정신과에 지원서를 넣었다.

-:-

　정신과 레지던트가 되려면 몇 개의 관문을 통과해야 한다. 내가 있던 병원의 정신과는 세 차례의 면접과 한 번의 시험으로 원하는 인재를 선발하는 것이 전통이었다.

　먼저 두 번의 면접으로 1차 합격자를 선발한다. 의국장 연차의 전공의들 앞에서 한 번, 교수님들 앞에서 한 번. 그들이 아무 준비 없이 면접 대상자를 부르는 것은 아니다. 지원한 순간부터 대상자들 뒷조사에 들어간다. 학부 시절 대인관계는 어땠는지, 인턴으로서 근무 태도는 괜찮았는지는 기본이다. 가장 힘들었던 시기에 어떤 모습을 보였는지가 그 사람의 됨됨이를 판단하는 중요한 잣대가 된다. 흔히 말하듯 가장 힘들 때 본성이 드러나기 때문이다. 정신과적인 용어로 표현하면, 힘들 때 무의식적으로 사용한 방어기제가 그가 어떤 사람인지를 보여주기 때문이다.

　기본적으로는 압박 면접의 형태를 띠지만, 대상자에 따라 면접장 분위기가 달라진다. 뒷조사에서 확인할 문제가 많은 것으로 파악된 사람에게는 가혹한 시간이 되기도 한다. 내가 받은 첫 질문이 아직까지도 정확히 기억난다. 내게 던지리라 예상했던 질문 그대로였기 때문이다.

　"선생님은 왜 학교를 오래 다녔어요?"

　그분들이 몰라서 물을까. 그건 아니다. 이미 내 학부 성적표까지 모조리 가지고 계신 분들인데, 당연히 표면적인 이유를 묻는 것이 아니다. 공부를 못했던 더 깊은 이유가 무엇인지, 그리고 그 사실을 현재의 나는 어떻게 받아들이고 있는지를 확인하기 위한 질문이었다.

　그 질문에 내가 나름 선방한 편이라는 것을, 몇 년 후 의국장이 되어 면접장에 들어가 보니 알게 되었다. 공격적인 질문에 대처하는 지원자들의 반응은 너무나 다양했다. 과거의 미성숙함을 솔직하게 인정하는 사람도 물론 있었지만, 끝까지 변명으로 일관하거나 뻔한 회피성 대답을 하는 사람이 예상보다 많았다. 오히려 면접관들을 가르치려는 듯한 태도를 보이는 지원자도 있었다. 그러나 그 자리는 그런 반응을 그대로 넘어가주는 곳이 아니었다. 잘못된 생각을 부수기 위한 대화를 나누는 것이 직업인 사람들 아닌가. 세상에 이런 면접 자리가 또 있을까 싶다. 한 명의 지원자 맞은편에 열 명 정도의 정신과 의사들이 무표정하게 앉아 있다. 어떤 대답을 하든 계속해서 더 파고드는 질문이 돌아온다. 그 자신도 완전 잊고 지내던 몇 년 전 일을 갑자기 캐묻기도 한다.

"예전에 동아리 모임에서 왜 그런 모습을 보인 거예요? 다른 사람들에겐 이기적인 행동으로 비춰졌을 것 같은데요."

그동안 스스로는 모르고 있던, 그 자신에 대한 타인들의 평가를 들려주기도 한다.

"이번 지원한 동기들 사이에서 같이 일하고 싶지 않은 사람이라던데요?"

10 대 1의 권투 스파링이 벌어지는 느낌이다. 프로 열 명과 일반인 한 명 사이의. 끝내 펑펑 우는 채로 면접장을 나가는 사람도 있었다.

면접관 입장에서도 이건 좀 가혹하지 않은가 하는 생각이 들 때도 잠시 있지만, 그렇다고 절대로 설렁설렁 넘어갈 수는 없다. 사람의 성격이, 위기 상황에 대처하는 방어기제가 쉽게 바뀌지 않는다는 것을 누구보다 잘 알고 있기에, 지원자의 주요 방어기제가 어떤 것인지 확실하게 파헤쳐야 한다.

　물론 사람은 변할 수 있다. 그러기 위해 이 직업이 존재하는 것이니까. 또한 정신과 의사라고 처음부터 완벽한 사람이었겠는가. 나와 내 동료들 역시 부족한 부분이 무척이나 많았다. 그런데 참 다행히도 정신과 수련을 받으면서 점차 변해갔다.

　다른 사람의 마음을 들여다보는 일을 매일 반복하다 보면, 저절로 자기 자신의 모습도 되돌아보게 된다. 이것이 천천히, 그러나 좀 더 나은 방향으로 변화를 유도한다. 자기 안의 미성숙하고 부끄러운 과거의 모습, 지금까지 남아 자신을 괴롭히는 그 마음을 마주할 수밖에 없기 때문이다.

　처음부터 완벽한 사람을 뽑을 수는 없기에, 스스로 부족함을 알고 있는지 아닌지는 정신과 레지던트 선발에서 중요한 기준이다. 정말 다행히 나는 내 부족함을 알고 있었다. 내가 어떤 심리로 공부를 피했는지, 얼마나 개념 없이 살았는지, 어떤 생각으로 바닥을 치고 올라왔는지, 그 과정에 정신과라는 학문이 어떤 영향을 끼쳤는지 솔직하게 답했다. 그리고 그 솔직함이 면접관들에게 좋은 인상을 주었다. 역설적이게도 나는 두 번의 유급 덕분에 1차 선발 과정을 통과할 수 있었다.

이어지는 2차 선발 과정에서는 성적이 중요하게 작용한다. 인성이 괜찮지만 지식과 실력이 부족한 의사, 실력은 뛰어나지만 인간성이 메마른 의사. 둘 중 누구에게 진료를 받겠느냐고 물으면 대다수의 의사가 후자를 선택할 것이다. 의사가 갖춰야 할 덕목에는 여러 가지가 있지만, 무엇보다 사람을 살리는 실력이 가장 중요한 법이니까. 그리하여 1차 면접 성적에 학부 성적과 인턴이 끝날 때 보는 인턴 시험 점수, 그리고 최종 교수 면접 성적까지 합쳐져 당락이 가려진다.

최종 면접 과정이 생생하다. 아홉 명의 합격자를 뽑는데 열 명의 지원자가 남은 상태였다. 이번에는 단체 면접이었다. 지원자를 한 명씩 부르지 않고, 열 명의 지원자를 세 그룹으로 나누어 면접을 보았다.

첫 세 명이 불려 들어갔다. 누가 봐도 합격이 확실한, 성적과 평판이 두루 좋은 친구들이었다. 저 셋을 먼저 부른 건 우연일까? 남은 이들 중에도 합격이 유력해보이는 친구들이 여럿 있었기에 면접 순서가 어떤 의미를 지닌 것인지 확신하기 어려웠다. 하지만 다음 세 명이 불려 들어가고, 마지막으로 남은 나를 포함한 네 명은 서로를 쳐다보며 확실하게 깨달았다. 우리 중에 탈락자가 있구나.

남은 인원들과 마지막으로 면접장에 들어갔다. 상자가 하나 놓여 있었다. 그 속에서 종이를 뽑아 적혀 있는 질문에 답하고, 그 후에는 스스로의 대답에 점수를 매겨보라고 했다. 아, 왜 하필 이런 질문이 걸렸을까. 너무 억울하고 당황스러웠다. 하늘이 무너지는 것 같았다.

다른 사람들이 뽑은 질문은 이런 식이었다.

'응급실에 과호흡 환자가 오면 어떻게 할 것인가?'

당연히 다들 100점짜리 대답을 할 수는 없었다. 하지만 그래도 아는 지식과 인턴 때의 경험을 조합해 어느 정도 답변을 만들어낼 수 있었다. 그리고 자기에게 50점 정도의 점수를 줬다. 그런데 내 질문지에는 처음 보는 정신과 의사의 이름과 함께, 그가 만든 이론의 몇 단계를 구술하라고 적혀 있었다.

"모르겠습니다."

"0점입니다."

배운 적이 없는, 말 그대로 처음 보는 내용이었기에 이렇게 대답할 수밖에 없었다. 그런 내게 교수님은 떨어지더라도 너무 실망하지 말라는, 마지막 말을 건넸다. 면접장을 나오며 눈가가 촉촉해졌고, 같이 면접 본 동료들이 나를 위로해줬다. 누가 보더라도 탈락자는 나인 듯했다. 그리고 얼마 뒤 합격자 발표 날, 불안한 마음을 안고 웹사이트에 접속했다.

"축하합니다. 김지용 님은 금번 전공의 선발에 합격하였습니다."

또 한 번의 중요한 갈림길에서, 이번에도 인생은 예측대로 흘러가지 않았다.

정신과 의사가 된
첫 날

"동기는 한 환자에게 계속 바보라고
놀림받기도 했다. 사실은 내가 조금 더
바보였는데"

　드디어 예비 정신과 의사가 되었다. 그때부턴 인턴 업무
를 하면서 동시에 정신과 의사가 되기 위한 준비를 조금씩 해야
한다. 정신과에 대해 아는 것이라고는 학생 때 들은 수업 내용과
병원 실습 때 배운 것들이 전부였다. 그것만으로는 절대적으로
부족하기에 남은 기간 동안 교수님과 선배 전공의 들에게서 몇
차례 강의를 듣고 입문용 서적들을 읽는다. 일반의에서 정신과
의사로 단기간에 변신하기 위한 핵심 내용이 담긴 소중한 수업
이다. 전국의 병원에 흩어져서 근무하던 미래의 정신과 동기들

과 최대한 오프 날짜를 맞춰 신촌에 모여 수업을 듣는다. 그 자리에 참석해 있는 것이 뭔가 설레고 흐뭇하다. 중요한 집단에 소속된 느낌이다. 그런 내가 조금은 대단해진 것 같다.

우리 병원 정신과에는 모두 네 곳의 근무지가 있었다. 세 곳은 도심에 있는 종합병원, 나머지 한 곳은 산속 언덕 위에 있는 정신과 전문병원이었다. 나는 그 언덕 위의 하얀 집에서 첫 근무를 시작했다.

정신과 의사로 출근한 첫 날, 아직까지 한 순간 한 순간이 생생한 당시의 느낌을 한마디로 표현하자면 '막막함'이다. 새 가운을 입는다. 의사라고 적혀 있던 명찰 앞쪽에 세 글자가 추가됐다. '정신과' 의사. 분명 며칠 전까지 강남에 있는 대학병원 흉부외과 인턴이었는데, 산 속 폐쇄병동에서 20명에 가까운 환자의 '담당의'가 되었다. (내가 일한 병원에서 '주치의'는 교수님, '담당의'가 레지던트다. 레지던트가 주치의로 불리는 병원도 있다.) 그 급작스런 환경과 역할 변화는 너무나 컸다. 미리 들은 몇 번의 수업으로는 턱없이 부족했다. 내가 할 수 있는 것이 거의 없었다. 첫 인사를 어떻게 드려야 하는지부터 막막했다.

"안녕하세요, ○○○ 선생님에 이어서 담당 전공의가 된 김지용입니다"라고 내 소개를 한다. 이제 갓 정신과에 들어온 신입 의사라는 것까진 알리지 않는다. 사실은 내가 아는 게 별로 없다는 것도 당연히 내색하지 않는다. 최대한 그런 티를 내지 않고 마치 경험 있는 전문가인 양 환자들을 대해야 한다. 하지만 그분들이 어찌 그걸 모를까. 병원에 있는 모든 사람이 나의 선배다. 몇 개월, 길게는 몇 년째 입원해 계신 분도 있었다. 병원 시스템을 잘 모르고 걸핏하면 직원 분들에게 질문을 하는 어리바리한 모습이 단번에 눈에 띄었을 것이다. 정신과 의사로 첫 3개월을 같이 보냈던 동기이자 〈뇌부자들〉 멤버 허규형은 한 환자에게 계속 바보라고 놀림받기도 했다. 사실은 내가 조금 더 바보였는데, 그저 그 환자의 담당 의사가 아니었던 것이 다행일 따름이었다.

1년차 정신과 전공의는 주로 조현병과 조울증 환자를 담당한다. 우울증, 강박증, 중독, 치매, 성격장애 등은 더 연차가 높은 전공의가 돼서야 맡는다. 여러 이유가 있지만, 그중 하나는 조현병과 조울증이 가장 전형적인 정신 병리를 보여주는 질환이기 때문이다. 환청과 망상. 이 두 가지가 정신과 의사로 처음 맞닥뜨리게 된 주적이었다.

환청과 망상. 참 간단해보였다. 아무도 없는 곳에서 소리를 들으면 환청이고, 엉뚱한 이야기를 하면 망상 아닌가? 주요 증상이 환청과 망상인 조현병과 기분 변동이 심한 조울증은 서로 완전히 다른 질환 아닌가? 그걸 진단하는 데 뭐 그리 어려울 게 있지? 이것이 그때까지 내 생각이었다. 지금 생각해도 참 순진했다. 이 두 질환을 구별해 진단하기가 매우 어려운 일이란 것을 정신과 의사가 되어서야 비로소 알게 되었다.

단적인 예로, 안타깝게도 젊은 나이에 일곱 번이나 입원한 20대 중반의 환자가 있었다. 일곱 번째 입원했을 때 그 환자의 담당의였던 나는 지난 여섯 차례 입원에 관한 의무기록을 쭉 검토하고 당황할 수밖에 없었다. 세 번은 조현병, 나머지 세 번은 조울증. 평균 한 달 정도의 입원 기간을 채운 후 퇴원할 때마다 그에게 붙여진 진단명이었다. 절대 대충 진료했던 것이 아니다. 빽빽한 과거 기록에 적혀 있는 그의 모습은 실제로 그랬다. 세 번은 조현병으로, 나머지 시기엔 조울증으로 진단할 수밖에 없었다. 그리고 또 한 달쯤 지난 그의 일곱 번째 퇴원일, 최종 진단명은 조울증이었다. 바로 직전 입원 당시 조현병으로 진단했던 교수님께서 나를 방으로 부르셨다.

"예전엔 분명히 조울증이 아니라 봤었는데… 진단이 이렇게 쉽지 않아. 이제라도 더 정확한 진단을 한 것 같아서 다행이고. 그런데 이런 케이스가 종종 나와. 분명 돌아봐도 오진은 아닌데, 나중에 진단이 바뀌는 경우 말이야. 그만큼 아직 우리가 모르는 것이 많다는 뜻이기도 할 테고. 이런 게 정신과의 매력 아니겠나?"

조울증의 대가인 교수님께서 이렇게 말씀하실 정도로 정신 질환은 진단이 쉽지 않다.

⊹

어느 순간부터 스스로를 신으로 믿게 된 20대 남성이 있었다. 인간이 아닌 신이 되니 언행이 변했고, 그 모습에 놀란 가족들은 그를 입원시켰다. 이야기를 나눠보니 나름의 근거가 있다. 눈에 보이지 않는 목소리들이 자신을 계속 신이라 부르며 섬긴다.

과대망상과 환청이 확인되었다. 조현병으로 진단하면 되지 않을까? 그러나 이러한 증상들은 조현병에서만 보이는 특징이 아니다. 조울증에서도 흔하게 나타난다. 조증 상태에서 기분이 지나치게 들뜨면 이런 과대망상이 따라오곤 한다. 과대망상이 먼저 생기고, 신이 되었다는 생각에 기분이 들뜨는 조현병과 겉모습만으로는 구별하기 힘들다.

이렇듯 쉽지 않은 진단을 정확히 하기 위해선 환자와 최대한 많은 대화를 나누고 증상을 잘 관찰해야 한다. 겉으로 드러나는 언행과 그 속에 숨어 있는 생각 모두 중요하다. 망상이 언제부터 생겨났는지, 무엇을 근거로 그렇게 생각하는지, 겉으로 드러난 모습 외에 실제 마음속에 꽁꽁 숨기고 있는 훨씬 더 큰 이야기는 무엇인지, 이 망상이 기분 변화에 앞선 것인지 아니면 뒤따라온 것인지 낱낱이 캐내야 한다. 당연히 이 과정은 쉽지 않다. 신의 입장에서 자신을 가둔 병원이 어떻게 보일까. 하물며 그중에서도 가장 새파랗게 어린 인간이 매일 곁에 귀찮게 달라붙어 이것저것 캐묻는다면. 그때 느껴질 감정은 뻔하다. 그렇기에 대화 시도는 대부분 실패로 돌아갔다.

　　내게는 벅찬 문제들이 산적해 있었다. 한 병동 안에 재림 예수님이 동시에 둘 있기도 했다. 내 아이를 가졌다고 말하는 분도 있었다. 어떤 분은 자신이 병원 치료 중이 아니라 영화 촬영 중이라는 믿음을 끝까지 저버리지 않기도 했다. 결국은 너도 나쁜 세력과 한패이지 않냐며 화를 내고 자꾸 경찰에 신고하는 분도 있었다. 분명 죽고 싶을 정도로 우울하다고 눈물을 흘리면서도 귀에 이어폰을 꽂은 채 흥겹게 춤을 추며 지내는 분의 진짜 감정이 무엇인지 알기 힘들었다. 문제들은 많은데 그중 내가 풀

수 있는 문제는 없었다.

　그래도 가끔씩은 꽉 닫혀 있던 마음을 여는 데 성공하기도
했다. 드디어 날 믿고 조심스럽게 감추고 있던 속마음을 보여주
는 분들이 있었다. 기쁨도 잠시, 그럴 땐 치료의 실마리가 보이
기는커녕 겉으로 드러나지 않던 더 깊고 복잡한 망상의 세계를
만나게 될 뿐이었다. 마음을 여는 것과 치료를 하는 것은 또 다
른 차원의 문제였다. 망상에 대해 아무리 이야기를 나누어도 매
번 똑같은 결말이었다. 생각의 간극이 줄어들지 않았다. 하루에
100번씩 날 호출해 했던 이야기를 반복하는 분께 나 역시 똑같
은 말을 계속할 수밖에 없었다. 제발 날 좀 믿어 달라고, 이제는
좀 믿어줄 때도 되지 않았느냐고 호소해도 소용없었다.

　이 모든 상황이 어려웠다. 내가 상상했던 정신과의 모습
은 온데간데없었다. 따뜻하고 깊이 있는 상담? 그런 건 없어 보
였다. 적어도 내게는 허락된 것 같지 않았다. 나를 포함해 모든
동기가 통과의례처럼 환자에게 맞는 일을 경험했다. 심히 난폭
한 사람을 강박하는 일에 동참하는 것이 일상이었다. 상담을 하
던 중에도 비상벨이 울리면 쏜살같이 뛰어가야 했다. 경험 많은
보호사 분들이 대부분의 상황을 해결해주었지만, 환자와 치료진
누구도 다치지 않는 안전한 강박을 위해선 적어도 네다섯 명이

필요했다. 정신없이 달려가 난동을 부리는 분의 발 하나라도 꽉 붙잡아야 했다. 몸을 던져 체중을 보태야 했다.

무력감이 느껴졌다. 나는 전문적인 치료를 위해 큰 병원을 찾아온 이들이 응당 받아야 할 도움을 드리고 있는 걸까? 물론 내가 아닌 교수님을 보고 온 것이고, 치료 방침은 교수님이 정한다. 하지만 대부분의 시간을 함께 하는 것은 정신과 의사라 불리기엔 민망할 정도로 부족한 나인데. 이대로 계속 지내면 되는 걸까? 하루하루 버티다 보면 나중엔 다양한 질환을 치료하는 유능한 정신과 의사가 되는 걸까?

이런 나의 막막함과 고민은 스스로의 역할과 능력을 내심 크게 기대했기 때문이기도 했다. 이제 갓 들어온 신입 전공의의 무능은 지극히 당연하다. 중병을 앓고 있는 환자들을 상담으로 척척 치료해낸다면, 그건 전공의가 아닌 재림 예수일 것이다. 그렇게 치료가 쉬울 거라 생각하는 태도는 정신과학에 대한 모독일 것이다.

그렇게 나는 조금씩
정신과 의사가 되어갔다

"중요한 것은 초짜 의사의 정체성 찾기가
아닌, 환자의 회복이니까"

상담이 잘 통하지 않는 조현병과 조울증 치료를 경험하면서 확실하게 얻는 것이 있었다. 정신 질환은 뇌의 질환이라는 것. 교과서에서만 배웠던 그 명제가 진실임을 반복된 체험으로 확실히 알게 되었다. 내가 정신과 의사의 길에 이끌리듯 들어선 이유는, 과학과 마법 두 가지를 모두 사용하는 것처럼 보이는 학문적 특징 때문이었다. 그중에서도 마법 같은 상담, 정신분석의 신비함에 훨씬 더 큰 매력을 느꼈다.

　그런데 정신과 의사가 되어서 먼저 가장 처음 목격한 것은 과학의 위대함이었다. 약물의 힘은 참 대단했다. 절대로 꺾이지 않을 것 같던 환자의 생각이 바뀌어갔다. 망상의 내용이 무엇이든, 환청의 주인공이 몇 명이든, 병을 일으킨 스트레스가 무엇이든 상관없었다.

"제가 잘못 생각했던 걸 수도 있겠네요."

"와… 제가 그런 생각을 했었다니…. 정말 스스로도 믿을 수가 없네요."

그 약물도 몸속에 들어가야 힘을 발휘할 수 있으니, 1년차 전공의의 주된 업무는 환자가 약을 먹도록 만드는 일이었다. 물론 이 역시도 쉽지 않았다. 논리적인 설득, 한 번만 믿어보라는 애원, 모두를 동원해야 했다. 정말 어쩔 수 없는 상황에서는 주사로라도 약을 써야 했다.

그렇게 겨우 약이 들어가면, 이젠 부작용과의 싸움이다. 안타까운 일이지만, 부작용이 없는 약은 없다. 모든 이가 부작용으로 고생하는 것은 아니지만, 꽤 많은 분에게 부작용이 발생한다. 약을 감량하거나 그 부작용을 해결하는 다른 약으로 문제가 풀릴 때도 많지만, 어쩔 수 없이 부작용을 안고 가야 하는 경우도 있다.

그렇다. 신입 전공의에게는, 그 능력에 맞추어 해야 하는,

그래도 할 수 있는 일이 있다. 대학병원이라는 큰 시스템 안에서 내 역할은 이것이었다. 환자와 최대한 좋은 관계를 유지하며, 약을 먹도록 설득하고, 부작용을 해결하는 것. 그리고 그 과정에서 필연적으로 발생하는 환자의 반발을 온몸으로 받아내며, 부작용이 있더라도 약을 먹어야만 하는 이유를 앵무새처럼 읊는 일. 그리고 나도 사실은 갓 알게 된 지식을 전문가처럼 말하기.

치료를 이끌고 나갈 만한 힘 있는 전문가처럼 보이기 위해선 지식뿐 아니라 다른 여러 가지가 필요했다. 교수님들은 우리에게 낮은 목소리, 위엄 있는 말투, 아무리 바쁘더라도 면도를 하고 넥타이를 맨 깔끔한 모습을 갖추도록 요구했다. 분명히 필요한 것들이다. 내가 가진 권위는 입고 있는 의사 가운에서 나오고, 거기 붙어 있는 병원 마크에서 오는 것이니까.

그런데 이런 과정과 내 모습들이 무언가 마음에 들지 않았다. 뭐 아는 것도 없는 주제에 위에서 시키는 대로 따라가면 될 것을, 마음이 편하지 않았다. 혼란스러웠다. 이게 정신과인가? 나는 약 처방하러 정신과에 왔나?

하지만 후회하거나 망설일 틈이 없었다. 어쨌든 눈앞의 그 길을 열심히 따라가는 수밖에 없었다. 앵무새처럼 읊는 말 속에 진심을 담았다. 정말로 진심을 담았다. 그래야 아픈 분들이 회복될 확률이 조금이라도 높아질 테니까. 환각과 망상에 말은 통하지 않고, 약은 통했으니 다른 선택지가 없었다. 중요한 것은 초짜 의사의 정체성 찾기가 아닌, 환자의 회복이니까.

그렇게 매일매일 환자들과 투닥이며, 선배들과 교수님들에게 혼나며, 시간이 흘렀고 그렇게 나는 조금씩 더 정신과 의사가 되어갔다.

"그럼요, 무슨 말인지 잘 알아요."

경험 많은 의사처럼 대답한다. 어떠한 망상에도, 어떠한 과거사에도, 어떠한 심리에도 쉽게 놀라지 않고, 표정 변화를 보이지 않는다. 그 뒤에 이어지는 말은 내 마음속에만 간직해 삼킨다.

'이런 이야기를 들려준 사람을 이전에 만났었거든요. 딱 한 명.'

╌╌

그렇게 경험을 쌓아가던 어느 늦은 여름 밤, 대학병원의 정신과 병동에서 난리가 났다. 조울증으로 입원 치료 중이던 환자가 취침 전 투약을 거부하며 난폭한 행동을 보여 비상벨이 울렸다. 건물에 있던 보안 요원 몇 명이 달려왔다.

아직도 그 장면이 생생하다. 환자가 팔을 한 번 휘두를 때마다 그 팔에 매달려 있던 보안 요원이 한 명씩 허공에 날라 갔다. 100킬로그램을 훌쩍 넘는 체구와 조증 시기의 엄청난 에너지가 합쳐진 결과였다. 당황한 요원들은 그를 제압하기 위해 증원을 요청했고, 잠시 후 다른 건물에 흩어져 있던 대부분의 요원이 몰려왔다. 그 이전에도, 이후로도 보지 못한 장면이었다. 검은 옷을 입은 요원으로 병동 복도가 가득 찼다. 마치 영화 〈매트릭스〉에서 키아누 리브스를 제압하기 위해 모인 스미스 요원들 같았다. 그들은 네오가 지키고 있는 방에 어떻게 진입할지 계획을 세우고 있었다.

하지만 이 대치 상황을 팝콘 먹으며 영화를 보는 마음으로 흥미롭게 지켜볼 수는 없었다. 나는 정신과 의사고, 그는 내 환자였다. 안 그래도 마음에 상처가 많은 그에게 더 이상 상처를 주기는 싫었다. 그것도 상처를 고치러 들어온 병원에서. 어떻게든 이 전투를 막아야 했다. 일단 대화를 해보겠다고, 환자가 있는 방으로 들어가겠다고 말하는 나를 보안 책임자가 어이없는 눈길로 바라봤다. 조금 전 허공을 날았던 요원의 얼굴에 걱정하는 기색이 역력했다. 그리고 잠시 후 환자는 내가 처방한 주사약을 순순히 맞았고, 스미스 요원들은 어리둥절한 표정으로 웅성 거리며 사라졌다.

내가 조금 더 정신과 의사다워졌음을 느낀 순간이었다. 정신과 의사가 아닌 사람에게는 신기해보일 수 있는 능력이 내게도 조금은 생겼음을 느꼈다. 지난 몇 달의 시간이 아무 소용없는 것은 아니었다. 물론 이런 성공적인 경험에서 생겨난 자신감이 좋은 영향만 끼친 것은 아니다. 부작용도 있었다. 용감하게 접근했다가 맞는 일을 몇 차례 더 겪었다. 그 경험들 또한 도움이 되긴 했다. 나서야 하는 상황과 아닌 상황을 구분하는 능력이 조금씩 늘어갔고, 다행히 맞는 일은 1년차 때 끝났으니까.

길고 긴 1년이 지나가고 있었다. 1년차가 마무리될 때쯤엔, 자신감이 붙었는지 마음속에 순간순간 이런 생각이 들기도 했다.

'정신과 별 거 없네.'

물론 그 생각은 오래가지 못했다. 앞에 기다리고 있는 끝없는 세계를 모른 채 잠시 가졌던, 돌아보면 믿기 힘들도록 건방진 생각이었다. 10년이 지난 지금, 그 거대한 세계를 나는 얼마나 겪어본 것일까. 여전히 초입에서 멀리 나가지 못한 채 헤매는 것 같을 때가 잦다. 아직도 진단 내리기가, 사람의 마음속을 해석하기가 어렵다. 지금은 혼나진 않지만, 그건 내 실력이 충분해서가 아니라 윗사람이 없기 때문일 뿐이다. 차라리 혼내줄 사람이 있으면 좋겠다는 생각이 들곤 한다. 혼내기만 하는 것이 아니라 막막한 치료 과정 속에서 혹시 내가 잘못된 길을 가고 있지는 않은지, 어느 길이 옳은 길인지 알려줄 테니까.

언제쯤 이 넓은 세계를 양껏 돌아보았다, 충분히 많은 마음을 들여다보았다 말할 수 있을까. 경험과 확신이 쌓여 흔들림 없이 환자들을 안내했다 느낄 수 있을까. 그런 날은 쉽게 오지 않을 것 같다. 정신과 의사로 살아가는 앞으로의 여정은 짧지도, 단순하지도 않을 것이다. 내가 어디까지 나아갈 수 있을지 나 자신에게 달려 있음을 잘 안다. 그게 내가 이 직업에 매력을 느끼는 이유이기도 하다. 아직 유럽 여행을 가보지 못했지만, 여러 국가들을 자유롭게 둘러보는 긴 여정 중 두 번째 나라쯤에 있을 때가 이러한 느낌일까? 더 멀리 가보고 싶다. 더 많은 것을 보고 싶다.

2

멀고도 가까운,
나의 환자들

무의식에
다가가는 시간

"너넨 약 처방하려고
정신과에 왔니?"

　　나는 전체 진료 시간 중 상당 부분을 상담에 할애하고 있다. 진료일 중 절반은 정신분석적 정신치료를 하고 있다. 정신분석적 정신치료. 뭔가 애매한 말이다. 영화나 드라마에서 한번쯤은 봤을 법한 긴 소파에 환자가 누워서 대화하는 정신분석과는 다르다.

　　미국정신분석학회에서 정리한 《정신분석용어사전》에서는 정신분석적 정신치료를 이렇게 설명한다.

정신분석 원리에 기초를 두고 있으면서도 엄격한 의미의 정신분석과는 다른 기법을 사용하는 심리치료. 정신분석적 심리치료는 표현적이거나 탐색적인 것으로부터 지지적이거나 억압적인 것에 이르기까지 다양하다. 정신분석과는 치료 환경과 기법, 절차 그리고 목표가 다르다. 환자는 카우치에 눕지 않으며, 치료 회기들은 덜 빈번하다. 자유연상을 사용하지는 않지만, 자유롭게 의사소통하도록 허용된다. 환자와 치료자는 전이 신경증을 피하면서, 친근하고 신뢰로운 동맹을 유지한다. 치료자의 역할이라는 측면에서, 치료자는 환자보다 더 능동적이다—치료자는 해석을 할 뿐 아니라 자유롭게 제안하며, 환경을 조정하고, 안내하며, 명료화하고, 현실을 검증한다. 정신분석적 심리치료의 목표는 보다 초점이 분명하며, 현실적이고 빠른 치료 효과를 강조한다. 보통은 정신분석보다 치료 기간이 짧으며 쉽게 접근할 수 있고 이해할 수 있는 역동을 중점적으로 다룬다.

정신분석은 전공의 2년차 무렵 처음 접하게 된다. 그 전까지가 정신 질환이 뇌의 질환임을 뼈저리게 느낀 기간이었다면, 이때부터는 동시에 마음의 병이기도 하다는 사실을 알게 된다.

1년차 때와 달리 우울증, 강박증, 공황장애, 성격장애 등 훨씬 더 다양한 진단명을 지닌 환자를 만나기 시작한다. 완전히 새로운 세계가 열리는 셈이다. 지난 1년 동안 교수님과 선배 전공의들이 진료하고 발표하는 것을 곁에서 보고 들었고 추가 수업도 있었지만 당연히 아는 것이 많지 않다. 하지만 전공의 수련 과정엔 내 부족함을 채우기 위한 '쉬는 시간' 같은 것은 따로 배정되어 있지 않다.

어제까지 1년차였던 나는 다음 날 아침 2년차로 출근해 바로 새로운 환자들을 만나야 한다. 시간 날 때마다 책을 보며 앞으로 펼쳐질 미지의 세계에 관해 미리 공부하는 훌륭한 친구들도 있었지만, 나는 그런 훌륭함과는 거리가 멀었다. 핑계겠지만 몸과 마음의 여유가 없었다. 가끔 시간이 날 땐 마음 한 구석의 불안을 외면하면서 정신과 밖의 사람들도 만나야 했다. 그러나 정신과가 그리 호락호락하진 않다. 나 같은 사람도 어떻게든 제 기능을 하는 정신과 의사로 만들기 위해, 눈앞의 환자에게 적정 수준의 진료를 제공하도록 하기 위해, 수련 과정은 더욱 빡빡하게 짜여 있다. 기본 업무 외에 지속적으로 공부도 하게 만든다. 그것도 강제로. 그냥 놔두면 공부를 안 하기 때문에 수많은 컨퍼런스가 끊임없이 준비되어 있다. 단체로 북리딩을 하며 전공 서적을 읽게 만들고, 최신 저널을 발표하게 만든다. 인지행동치료, 마음챙김, 정신분석, ECT(전기경련치료), rTMS(반복적 경두개 자기 자극술) 등 다양한 치료법을 배우기 시작한다. 피해갈 수 없도록 바로 치료 현장에 투입되며 배운다. 난 그중에서도 유독 정신분석에 매력을 느꼈다.

÷

1년차 겨울, 일산에서 퇴근한 어느 늦은 밤, 신촌의 한 강의실에 동기들과 모였다. 그날은 정신치료에 대해 배우는 날이었다. 작은 방에 10명 남짓한 인원이 앉아 있었다. 코앞에 계신 교수님의 열띤 강의에도 밀려드는 졸음을 피하기 힘들었다. 다행인지 나만 그랬던 건 아니다. 제정신이 아닌 이들이 여럿 보였다. 그때 귀에 꽂히듯 들어온 교수님의 말이 잊히지 않는다.

"너넨 약 처방하려고 정신과에 왔니?"

아차. 정신이 번쩍 들었다. 내가 정신과에 온 이유는 따로 있었다. 1년 동안 약만, 약의 부작용만 신경 쓰며 사느라 잊고 있었지만 애초에 내가 정신과에 온 이유는 '마법처럼 신비한 무의식의 세계'에 매력을 느꼈기 때문이었다. 우울, 불안은 물론 통증과 마비 같은 신체 증상까지 무의식적인 심리 작용에 의해 일어날 수 있다는 것이 너무도 신기했다. 이는 프로이트 때부터 발견되어 내려오는 정신과의 가장 기본적인 원리인데, 해소되지 않은 채 무의식에 계속 쌓인 부정적 감정은 여러 신경증(마음속 심리적 갈등이나 외부 스트레스에 의한 불안으로 다양한 증상이 발생하는 것) 증상을 만들어내는 원재료가 된다. 그렇기 때문에 역으로 환자의 무의식 속에 응축되어 있는 생각과 감정 들을 의식의 수면 위로 끌어올림으로써 증상이 해결될 수 있다. 책에는 이런 사례들이 끝없이 적혀 있었다. 책으로만 만날 수 있는 설화 같은 먼 이야기가 아니었다. 의국에서 같이 먹고 자는 선배들의 케이스 발표 시간에, 직접 겪은 마법 같은 경험담을 들을 수 있었다.

1년차가 끝나 가는 시기, 이제는 정신증(조현병이나 조증처럼 현실 검증 능력이 떨어진 정신 질환)이 아닌 신경증으로 입원한 환자들을 치료하는 일도 맡는다. 정신과 의사로서, 첫 번째 우울증 환자를 만나게 되었다. 급작스럽게 발생한, 아주 심한 무기력 때문에 처음으로 정신과에 입원을 하게 된 여성 환자였다. 그는 최근에 스트레스를 받을 만한 일이 없었다고 했다. 물론 특별한 스트레스 요인 없이 급작스럽게 발생하는 우울증도 있다. 그런 경우엔 보통 다른 것이 있기 마련이다. 가족력, 과거 병력, 최근 약물 복용 등 우울증에 취약할 만한 다른 요인이. 그런 요인들이 하나도 없는 그에게는 대신 충격적인 과거사가 있었다.

그는 어린 시절 여러 사람에게 수차례 성폭력을 당한 피해자였다. 가해자들이 모두 아는 사람이었기에, 동네가 뒤집어질 그 이야기를 누구에게도 하지 않고 혼자서 꽁꽁 숨겨왔다고 한다. 오랫동안 잊고 살아왔는데, 최근 갑자기 그때 기억이 떠올랐다고 했다. 그 이야기 자체도 너무 충격적이었지만, 더 놀라운 것은 따로 있었다. 심히 고통스러웠을, 지금도 너무나 고통스러울 그 이야기를 그는 아무렇지도 않게, 덤덤한 표정과 말투로 읊었다. 영화에서 본 이야기를 전한다고 해도 그 정도로 감정이 실리지 않기는 힘들겠다는 생각이 들었다. 이 반응은 대체 뭐지? 눈물을 펑펑 쏟으며 이야기하기에도 부족한 것 아닌가? 아니, 애당초 이 이야기가 왜 이리 쉽게 흘러나온 거지? 평생 숨겨왔다면서, 만난 지 이틀째인 내게 처음으로 들려주다니. 난 어떻게 반응해야 하지? 혼란스러웠다. 파트 치프(같은 교수님 밑에서 지내는 4년차 혹은 3년차 전공의가 치프 전공의인데, 이들은 1년차 교육을 일부 담당한다.) 선생님은 내 고민들에 친절하게 답해주었다.

내가 목격한 그의 모습은 '억압과 격리'라는 방어기제에 의한 것이었다. 있는 그대로 끌어안고 살기엔 너무도 힘든 기억을 무의식 속 공간으로 다 밀어 넣은 것이다. 아예 의식하지 못하도록. '억압'의 방어기제다. 이유는 모르지만 깊숙이 숨겨놓았던 그 기억이 다시 의식의 수면 위로 떠오르는 이 과정에서, 그의 마음은 평안을 유지하기 위해 한 가지 기술을 추가로 사용했다. 바로 '격리'다. 과거에 있었던 사건은 기억하지만, 그 기억에 수반된 감정은 따로 분리시켜 무의식 속으로 다시 밀어 넣은 것이다. 내게 과거의 상처들을 이야기한 것은, 이제는 더 이상 누르기만 할 것이 아니라 어떤 식으로든 해결해야 할 때라고 그의 무의식이 결정했기 때문이다. 이제 내가 해야 할 일은 그의 무의식 속에 숨어 있는 감정들을 어떻게든 수면 위로 끌어내는 것이었다.

나로서는 도무지 이해가 가지 않는 상황을 즉각 해석해주는 치프 선생님의 모습이 어찌나 멋있던지, 아직까지도 그 대화가 또렷하다. 선생님께서 정리해주신 상황은 참 일목요연했다. 이론적으로도 완벽했고, 내가 해야 할 일도 매우 간단해보였다. 그런데 당장 환자를 맞닥뜨리니, 어떻게 억압되어 있는 감정을 끌어올려야 하는 것인지, 무의식에는 대체 어떻게 접근해야 하는지 너무도 막막했다. 그리고 나는 그 미션 수행을 완벽히 실패했다. 퇴원할 때까지 그에게선 눈물 한 방울 볼 수 없었다.

첫 도전부터 완벽한 실패로 끝났지만, 어쩔 수 없이 계속 도전하게 된다. 내 의사와 상관없이 내게 배정되는 입원 환자가 계속 생기니까. 게다가 2년차부터는 입원 환자만 만나는 것이 아니다.

이때부터는 실제 정신분석 치료를 시작하게 된다. 설레기도 하고 두렵기도 하지만 피해갈 수 없다. 전문의가 되기 위해선, 정신과 의사로서 성장하기 위해선 반드시 필요한 과정이다. 외래에서 교수님들께 치료받던 환자 중 더 깊은 상담이 필요하고 스스로도 원하는 분들이 2년차 이상 전공의와 연결된다. 내가 초보 의사인 것을 아는 상태에서 만난다. 나 혼자서는 분석적인 치료를 제대로 이끌어 나갈 능력이 없으니 슈퍼비전(정신분석 전문가인 슈퍼바이저가 치료 과정 전반을 관리, 감독하는 것)을 받는다. 이 사실 역시 환자에게 알리고 동의한 상태로 치료가 시작된다. 상담 내용을 녹음하고, 반복해 들으며 타이핑한 종이를 들고 슈퍼비전을 받으러 간다. 정신분석을 전공하시는 대가 선생님들의 수업이 병원 내에서 정기적으로 열린다. 개인 정신분석 클리닉을 운영하는 선생님들의 병원에 혼자서 찾아간다. 두 곳에서의 도움이 절실하게 필요하지만, 동시에 가기 싫기도 하다. 아무 것도 모르는 내 눈에도 너무나 부족하고 부끄러운 치료 경과지를 들고 가야 하니까. 가끔씩 격려와 칭찬의 말을 듣기도 하지만, 혼나고 지적받을 때가 더 잦다. 그게 너무 당연하다는 걸 알면서도 마음이 편할 수는 없다.

내가 가장 자주 지적받은 부분은 말이 많다는 점이었다.

"거기서 왜 말을 했어! 환자 분이 말하도록 더 참고 기다렸어야지!"

"아유, 자네 전에도 이 말 하지 않았나! 이 순간에서 참으면 환자 분께서 알아서 더 중요한 이야기를 꺼낸다고. 자네가 흐름을 끊은 거야."

"모르면 그냥 들어!"

정신분석, 정신분석적 치료는 치료자가 하고 싶은 말을 하는 시간이 아니라 환자의 무의식에 다가가는 시간이다. 그 과정에서 치료자의 말들은 별 도움이 되지 않는다. 오히려 방해물로 작용할 때가 더 많다.

요즘 내가 진료실에서 가장 자주 듣는 불평은 "선생님이 말을 너무 안 한다"는 것이다. 언젠가부터 상담할 때 마음속 말이 목구멍까지 올라오는 순간 "더 참았어야지!" 하는 선생님들의 목소리가 귀에 맴돈다. 덕분에 한 번 더 참고 듣게 된다.

　　나만의 진료실을 연 뒤에는 정신분석에 더 많은 시간을 쏟아 보리라, 더 깊게 배워 보리라 다짐했었다. 정신분석을 원하는 분을 따로 예약하고, 대화를 녹음해서 복기했다. 학회에 가입하고 대가 선생님들의 수업을 들으러 갔다. 그런데 오래 지속되지 못했다. 그 타이밍에 〈뇌부자들〉 활동이 예상 외로 너무 커져버렸다. 무언가는 포기해야 했다. 나는 〈뇌부자들〉을 선택했다. 더 깊은 공부는 나중에도 할 수 있다고 자기합리화하며.

우울한 이야기만 계속 듣는 것,
힘들지 않아요?

"좋은 직업을 택했다는 생각이 들 때가
못해먹겠다는 생각이 드는
순간보다 잦다"

학회에 나가지 못하면서 더 이상 정신분석을 한다고 말하기가 부끄러워 정신분석 클리닉의 문을 닫았다. 그렇게 정신분석을 그만두게 되었지만, 나는 여전히 상담하는 정신과 의사를 목표로 하고 있다. 근무일 중 절반은 한 사람당 40분을 할애해 나름 분석적인 상담을 하려 애쓰고 있다.

여러 사람과 깊은 대화를 나누다 보면, 참 많은 것을 배운다. 이론으로만 알던 개념을 진료실에서 직접 경험하며 제대로 깨닫기도 한다. 비슷한 상황에 서로 다르게 반응하는 심리들이 매번 새롭다. 숨어 있던 무의식이 꿈에 투영되어 나타나는 것을 확인할 때 신기하다. 사람들 스스로는 의식하지 못하도록 은밀하게 삶에 지대한 영향을 미치는, 무의식의 힘을 실제로 확인하게 된다. 그 순간은 너무도 신비롭다. 진료실에 있는 내담자와 나, 둘 모두 동일하게 느낀다. 그 신비로운 힘의 존재와 그 위력을.

'아, 그래서 이 분의 삶이 그랬구나.'

"아, 그래서 제 삶이 그랬군요."

무의식은 언제나 주인을 지키기 위해 노력한다. 자신이 속해 있는 마음의 안정을 유지하기 위해 노력한다. 분쟁의 불씨를 없애려 한다. 문제는 '의식'과 상의하지 않고 일방적으로 판단한 방식에 따라 노력한다는 데 있다.

회피의 방어기제를 즐겨 사용하는 무의식을 가진 사람은 문제 상황에 닥쳤을 때 매번 도망치는 삶을 산다. 그런 자기가 싫으면서도 그렇게 된다. 반대로 어떤 이는 필요 이상으로 싸움을 반복하는 고된 삶을 산다. 문제가 없을 땐 스스로 만들어내기도 한다. 그러고는 자신의 타고난 불운을 원망한다. 또 억제와 억압의 방어기제는 화내야 할 상황에서도 매번 눌러 담게 만든다. 그 결과 을이 된 그의 주위엔 갑들만 가득해진다. 부정의 방어기제를 통해 목 끝까지 차오른 위기 상황을 외면하고 마음 편한 듯 지내는 이도 있고, 현실의 스트레스를 잊기 위해 전혀 상관없는 다른 걱정을 만들어내는 무의식도 있다.

이렇게만 이야기하면 내가 왜 그토록 무의식의 세계가 신비하다고 말하는지 잘 느껴지지 않을 것이기 때문에, 진료실에서 꽤 자주 만나는 두 가지 심리를 소개해보겠다.

1.

어느 날 갑자기 A는 자신의 허리뼈가 심하게 휘었다는 생각이 들었다. 그냥 잠시 들고 만 것이 아니라 그 생각에 완전히 꽂혀버렸다. 이유는 모르겠다. 그냥 어느 순간 그 생각이 그를 찾아왔다. 이어서 그는 허리가 너무 불편해져 정상적인 생활을 할 수 없을 지경이 되었다. 엑스레이를 촬영했더니 역시나 느낌대로 아주 심각하게 휘어 있었다. 어떻게 해야 하지? 갑자기 왜 이런 거지? 여태 모르고 살아왔던 건가? 심각한 질병이 있나? 지금까지 느끼던 두통, 무기력 같은 신체 이상이 다 여기서 기인한 건가? 수술을 해야겠구나! 대학병원 정형외과에 찾아갔다. 하지만 기대와 달리 그곳의 의사는 수술에 동의하지 않았다. 이렇게 심각하게 휜 척추 사진이 있고 불편함을 호소하는데 고쳐

주지 않다니! A는 의사에게 돌팔이라며 화를 내고 다른 병원을 찾아갔다. 하지만 그곳에서도 수술 대상이 아니라는 말을 들었다. 화가 난 A는 여러 병원을 전전했지만 돌아온 답은 똑같았다. 왜냐하면 A의 척추는 아주 올곧게 뻗은 정상이었기 때문이다. 서서 촬영한 엑스레이는 척추 모양이 심하게 구부정했지만, 누운 뒤 몸을 쭉 편 상태로 찍은 영상 사진에서는 문제 소견이 보이지 않았다.

A는 이 사실을 받아들이지 않았다. 그리고 더욱더 허리 문제에 매달렸다. 한의원을 찾고, 민간요법을 쓰고 셀 수 없이 다양한 치료법을 시도했지만 무엇으로도 증상은 좋아지지 않았다. '아무리 약을 쓰고 침을 놓는다 해도 허리뼈 자체가 심각하게 휘어 있는데 무슨 소용이람! 대체 왜 어느 곳에서도 허리가 휘어 있다는 당연한 사실을 안 믿어주는 거지?'

결국 A는 보다 못한 지인들의 권유에 이끌려 반강제로 정신과에 찾아오게 되었다. 이 경우 당연히 꾀병은 아니다. A는 허리가 휘었다는 생각에 정말로 심각하게 괴로워했고, 통증을 연기함으로써 얻을 수 있는 금전적 이득 같은 것도 없었다. 일부러 의도해서 만들어낸 증상이 아니다. 대체 왜일까?

상담의 대부분은 통증에 대한 이야기로만 흘러갔다.

"나는 허리가 휘어서 아픈 것뿐인데 왜 여기 정신과에 있는지 모르겠어요. 할 말도 없는데요."

"A씨께서 거짓으로 통증을 만들어냈다고 생각하지 않아요. 저는 A씨가 통증을 물리적으로 느끼고 있다는 것을 믿습니다. 제가 정신과 의사로서 드리고 싶은 말씀은 그저 A씨가 그 통증에 지나쳐 보일 정도로 휘둘리고 있다는 점이에요. 저는 그 부분을 이야기해보고 싶어요."

오랜 기간의 상담 시도 끝에 알게 된 A의 삶은 정말 수렁 속에 빠져 있었다. 통증 때문만이 아니었다. 통증이 있기 전부터 다양한 측면에서 출구가 보이지 않았다. 대체 어디서부터 손을 대야 하지? 나 같아도 막막할 상황이었다.

아마도 A의 머리는 스트레스로 터지기 일보 직전이었을 것이다. 퇴사해야 하나? 이혼해야 하나? 그냥 죽음을 선택해야 하나? 그럼 아이는 어떻게 하고? 그 순간 A의 무의식은 주인을 구원해낼 한 가지 방법을 떠올렸다. 마음속에 몰아치는 풍랑을 일순간 잠재울 묘안이 떠오른 것이다. 새롭고 강력한 걱정거리를 만들어낸다. 완전히 그것에만 집중할 수 있도록. 그것을 통해 기존의 다른 걱정들에 신경 쓸 시간 자체를 없애버리는 것이다. 발상의 전환을 이뤄낸 무의식 덕에 A의 기존 걱정거리들은 머릿속에서 깨끗이 사라졌다. 하지만 누가 보기에도 A의 삶은 더 깊은 수렁에 빠져 들었다. 해결되지 않고 있는 기존의 문제들에 추가적으로 심한 문제가 하나 더 생겼을 뿐이다.

2.

"어떻게 이럴 수 있죠? 이번 사람은 정말 믿었는데…. 이젠 사람 자체를 못 믿을 것 같아요."

진료실 문을 열고 들어오며 채 자리에 앉기도 전에 터져 나오는 끝없이 우울한 목소리였다. 두 달째 상담을 이어 나가고 있던 B는, 이전 연애에서 받은 상처가 낫기도 전에 또다시 '나쁜 사람'을 만나게 되었다. 반복해서 나쁜 사람을 만나게 되는 연애 패턴. 아침 드라마나 소설 속에서는 이런 이야기들을 꽤 자주 만난다. 알코올 중독인 남편에게 시달리다가 겨우 이혼했는데, 이번 연인 역시 술 문제가 반복되는 상황. 그런데 사실은 그의 아버지 또한 알코올 문제가 있었더라… 하는 식의 이야기들. 정신과 의사가 되기 전에는 그런 이야기를 접했을 때 '참 운이 없는 사람이네'라고 생각한 게 전부였다. 간혹 작가의 억지 설정처럼 느끼기도 했고.

그런데 요즘의 나는 이런 이야기들을 신기할 정도로 자주 듣는다. 첫 연애부터 지금까지 다섯 번 모두 바람둥이만 만나는 사람, 반복되는 데이트 폭력을 경험하는 사람. 나는 그들에게 묻는다.

"왜 나쁜 사람만 만나게 되는 것 같아요?"

그들의 답변 역시 예전에 봤던 아침 드라마에 등장하는 대사와 크게 다르지 않다.

"안 믿었었는데, 운명이라는 게 있나 봐요. 전 정말 운이 없는 것 같아요."

그럴까? 그냥 운이 없는 걸까? 그렇게 답을 정해버리면, 그들은 앞으로도 좋은 사람을 만날 수 없고, 그러므로 아예 누군가를 만나선 안 된다는 슬픈 결론이 나와 버린다. 그래서 그들 중 일부는 실제로 사람을 만나지 않기로 결정한다. 누군가는 점을 보고 굿을 하기도 한다. 이 패턴의 정체를 알아채고 끊어내기 위해 상담을 하다가 자주 발견하는 심리가 있다. 바로 '반복 강박'이다.

프로이트가 처음 제안한 이 심리는, 괴롭고 고통스러웠던 과거의 상황을 반복하고자 하는 강박적인 충동을 뜻한다. 충동이라고? 지금 너무나 아픈 이 상처를, 내가 스스로 선택해서 반복한 것이라고? 당연히 받아들이기 쉽지 않다. 반복 강박 심리를 가진 사람은, 이러한 관계가 자신의 선택에 의한 것임을 인식하지 못한다. 대신 운명 탓으로 돌리는 경향이 있다. 이는 이 심리가 의식 아래에서, 무의식적으로 작용하기 때문이다. 쉽게 이해하기 힘든, 반복 강박이란 심리의 정체는 대체 무엇일까? 다시는 마주하기 싫은 상처를, 스스로가 반복하는 이유는 무엇일까?

상처를 스스로 반복하는 것은 생각보다 꽤 흔한 심리다. 한 예로 트라우마가 있는 어린 아이들은 미술치료를 하다가 자신에게 상처를 준 장면을 계속해서 그리거나, 놀이치료에서 그 장면을 흉내 내곤 한다. 생존을 위협받은 기억일 텐데, 아이들은 왜 자꾸 그 장면을 되풀이해서 표현하는 걸까? 또한 신체적 · 정신적으로 큰 사고를 경험한 사람은 당시 상황을 꿈속에서 계속 반복한다. 깨어 있는 시간에도 마치 영화의 한 장면처럼 그 순간이 머릿속에 스쳐간다. 너무나 지우고 싶은데, 왜 자꾸만 떠오르는 걸까?

상처는 무작정 덮는다고 지워지지 않는다. 덮어놓는다고 해결되지 않는다는 것을 아는 무의식은 여러 가지 방법으로 해결을 도모한다. 그리고 놀랍게도 반복 강박은 과거의 상처를 해결하려는 용감한 무의식의 정면 돌파 방법 중 하나다.

물론 그들이 가장 처음에 입은 상처, 그것은 단연코 스스로 선택한 것이 아니다. 알코올 중독에 빠져 있거나 학대와 방임을 일삼거나 외도하는 부모를 어린 그들은 그저 받아들일 수밖에 없었다. 성인이 된 후에도 마찬가지다. 처음 만난 나쁜 연인의 정체를 미리 알 수 없었다. 또 알게 되더라도 그런 상황을 처음 접한 그들은 나쁜 이에게 속수무책으로 당할 수밖에 없었다. 이처럼 나를 괴롭히는 상처는 처음에는 내 의지와는 상관없이 '수동적'으로 나에게 해를 입힌다. 그러나 무의식은 그것을 해결하려 애쓴다. 그와 유사한 상황을 연출하고 이전과 다르게 '능동적'으로 해결함으로써 과거의 상처를 씻어내려 시도한다. 바로 이 시도가 반복 강박이다.

예를 들어 알코올 중독인 첫 연인으로 고통스러웠다면, 그 후 만난 비슷한 연인을 변화시키거나 그와 좋은 관계를 유지함으로써 이전의 상처를 씻어내려 하는 것이다. 하지만 매우 안타깝게도 반복 강박에서 비롯된 시도는 실패하는 경우가 많다. 진료실에서 내가 만난 사람들 또한 그랬다. 나 자신을 바꾸는 것도 힘든데, 상대방을 내 뜻대로 바꾸는 일이 과연 간단할까.

무의식에서 관계를 지배하던 반복 강박의 심리를 알아챘을 때 놀라며 받아들이는 경우도 있지만, 모든 사람의 반응이 그렇지는 않다. 이전에 헤어진 연인의 주사로 고생했던 B가 이번에도 주사가 아주 심한 연인을 만난 지 두 달째 되는 날이었다. B는 반복되는 상처에 자신의 선택도 일부 기여했다는 나의 해석에 저항했다. 그리고 운명의 탓으로 돌렸다.

"내가 이런 사람인 줄 알고 만났겠냐고요! 처음 만날 때는 분명 술을 잘 조절했어요. 아무리 봐도 전 그냥 운이 없는 것 같아요."

"그런데 문제가 있다는 걸 알게 된 지 두 달이 지났는데도 관계를 지속하고 있잖아요? 보통 제 의견을 말씀드리지는 않고 스스로 알아차리고 결정 내리실 때까지 지켜보는 편인데, B씨가 신체적 폭력까지 당하는 것을 알면서도 그냥 있을 수는 없어서 적극적으로 말씀드리게 되네요. 연애 초기에 그 정도로 심한 일을 당하면, 대개는 깜짝 놀라 헤어져요. B씨 탓이라는 게 아니에요. 명백하게 그 사람 잘못이니까요. 하지만 그 사람이 변할 거라고 기대할 수 없는 상황이잖아요. 그러니 지금 당장이라도 관계를 끊어야죠. 그 누구도 아닌, B씨를 위해서요. 세상에 B씨를 아끼고 사랑해줄 사람이 아직 많을 텐데, 왜 때리는 사람과 관계를 지속해야 하나요."

반복 강박 심리가 정말로 무서운 이유가 여기에 있다. 또

다시 상처 입을 관계에 빠져들고 있다는 사실을 알아챘음에도 그 관계를 정리하지 못하게 만든다. 내 의식을 조종해, 그 사람과 관계를 정리할 수 없는 온갖 이유를 찾아낸다. 그리고 결국 상처가 부메랑이 되어 다시 스스로를 공격하게 한다.

÷

무의식은 자기 나름의 방식으로 A와 B를 지키려 했다. 그러나 무의식의 독단적 판단에 이끌려가는 삶은 이처럼 위험할 수 있다. 따라서 끊임없이 무의식을 들여다보려 노력해야 한다. 지금 내가 왜 이렇게 생각하고 행동하는지 스스로에게 꾸준히 질문을 던져야 한다. A와 B 모두 자신의 마음속을 들여다보는 과정이 익숙지 않은 분들이었다. 이런 경우, 이들의 마음속을 같이 들여다보기 위해선 상당한 시간이 필요하다.

아무리 뛰어난 치료자라도 10분 내지 20분 정도의 짧은 상담으로 내담자의 무의식을 파헤칠 수 없다. 1년을 만나도 그렇게 계속 짧게만 만난다면 진도가 나가기 어렵다. 시간은 물론, 빈도와 기간도 중요하다. 1시간을 만난다 해도 한 달에 한 번 만나서는 깊은 이야기를 이어나갈 수 없으며, 한두 번의 상담만으로는 절대 큰 변화를 이끌어낼 수 없다. 상담 한 번으로 삶을 바꿔주겠다는 사람은 대개 사기꾼이라고 보면 된다. 그런 경우 보통 통상적인 상담료보다 훨씬 비싼 금액을 요구하며, 오랜 경험으로 만들어낸 자기만의 상담 기법으로 단기간에 변화가 가능하다고 주장한다.

물론 경험이 쌓일수록 상담 초반에 정답에 가까운 추측이 가능해지긴 한다. A의 첫 진료 때부터 당연히 신체화 증상(내적인 심리 갈등, 억압된 부정적 정서 등이 신체 증상으로 발현되는 것)의 가능성을 의심했다. B의 구구절절한 이야기를 처음 들을 때부터 반복 강박을 떠올렸다. 하지만 이것은 단지 추측일 뿐이다. 여러 가지 가능성 중 내 머릿속에 먼저 떠오른 하나일 뿐이다. 수십 년을 정신분석에 매진해온 대가 선생님들께서 수업 때마다 가장 강조하시던 부분이 이것이다. 내담자의 마음을 함부로 추측하지 말라는 것. 치료자의 마음대로 정해버린 길로 앞서 나가지 말라는 것.

함부로 추측하지 말고 기다려야 한다. 답은 내게 있는 것이 아니라 내담자의 마음속에 있다. 그 답을 찾아가는 여행에서 내 역할은 가이드일 뿐 답을 내가 정해선 안 된다. 내담자 스스로 답을 알아챌 때에야 진정한 변화의 힘이 생긴다. 내가 정하고 알려줄 때는 그런 힘이 생기지 않는다. 그러므로 기다리고 기다리고, 또 기다려야 한다.

이렇게 마음속 답을 찾아가는 과정에 가이드로 동참하는 일이 쉽진 않다. 내담자의 말 하나하나에 숨겨져 있을지도 모르는 의미를 생각하며 오랜 시간 듣는 일에는 엄청난 집중력이 필요하다. 상담을 길게 할수록 정신적 에너지가 소모되는 것을 느낀다. 나 역시도 평범한 인간이라 순간순간 이야기의 흐름을 놓칠 때도 잦다. 정말 견딜 수 없는 졸음이 찾아올 때도 아주 가끔씩은 있다.

하지만 나는 이 과정이 좋다. 안 그래도 쉽게 죄책감을 느끼는 내담자들께서 자주 묻는다. 우울한 이야기만 계속 듣는 것이 힘들지 않냐, 내 이야기가 지겹지 않냐. 별 것도 아닌 이야기로 괜히 선생님께 폐 끼치는 것 같다고도 한다. 전혀 힘들지 않다고 말할 순 없다. 하지만 힘들어도 좋다. 흥미를 느끼고, 사람들을 돕는 일이란 보람도 느끼며, 괜찮다 할 수 있는 수입까지 따라오는데, 어찌 힘들기만 할까? 좋은 직업을 택했다는 생각이 문득 들 때가 있다. 그 빈도가 못해먹겠다는 생각이 드는 순간보다 잦다.

누군가를 평생 괴롭혀온 마음속 상처나 문제가 점점 줄어

드는 과정을 바라보는 것은 진심으로 뿌듯한 일이다. 간혹 누군가를 괴롭히던 문제가 완전히 사라진 경우엔 내 일같이 기분 좋다. 짧게는 몇 개월부터 길게는 몇 년이 걸리곤 하지만, 처음 찾아왔을 때와는 확연히 다른 밝은 표정으로 앉아 있는 그의 모습 자체가 내게 기쁨을 준다. 바뀐 마음으로 새로운 삶을 만들어 나가는 모습이 반갑다. 좋은 친구가 생겼다는, 취직했다는, 연인이 생겼다는, 결혼한다는 소식들이 반갑다.

지금의 이 문장이 내게 혹은 다른 치료자에게 상담을 받고 있는, 아직 충분히 호전되지 않은 분을 힘들게 할까 싶어 걱정되기도 한다. 상태가 제자리걸음인 것 같아서, 나아지는 기색이 없어서 자책하거나 치료자에게 미안하다고 말씀하시는 분도 있다. 호전되지 않으니 치료자가 포기할 것이라 두려워하기도 한다. 앞으로 회복될 희망이 없다며 좌절하기도 한다.

그러나 그런 걱정들은 내려놓으셨으면 한다. 치료자 입장에서는 좋은 결과를 이끌어내지 못함에도 계속 믿고 같이 노력해나가는 분들에게 더욱더 감사함을 느낀다. 호전되지 않을 때 물론 당혹스럽고 걱정도 된다. 하지만 더딜지라도 분명 앞으로 나아가고 있다는 믿음을 놓지 않는다.

누구에게나 약점은 있다. 자신의 약한 부분에 눈감지 않고 마주한 것, 더 나은 삶을 살기 위해 타인에게 도움을 요청한 것은 대단히 강하고 용감한 사람만이 할 수 있는 일이다. 그러므로 치료자를 찾은 당신은 애초에 강한 사람이었다. 약점과 아픔을 더 파고드는, 힘든 상담 과정을 거치며 더 강한 사람이 되어가고 있다. 자신에게 고통을 안겨준 상처가 당장 사라지지 않았음에도, 포기하지 않았다. 당신은 스스로를 더 단단하게 만드는 가치 있는 과정을 밟아가고 있다. 그리고 그 길에 동행하는 것이 나여서 고맙다.

환자를
잃은 날

"이렇게 하면 살릴 수 있지 않았을까?
내가 다르게 접근했어야 하는 것 아닌가?"

　진료를 하면서 늘 스스로에게 던지는 질문이 있다. 내 실력은 충분한가? 환자들에게 실질적인 도움을 주고 있는가? 그러지도 못하면서 나만 너무 많은 것을 받고 있는 것은 아닌가?

　정신 질환의 가장 무서운 점은 눈에 보이지 않는다는 데 있다. "저 정도면 증상이 심한 편인가요?" "좋아진 것 같다고 느끼긴 하는데, 이게 혹시 플라시보는 아닐까요?" 이런 질문에 객관적인 증거를 보여주며 '괜찮다'고 '나아졌다'고 속 시원히 답할 수가 없다. 혈액검사의 염증 수치로, CT에서의 병변 크기 변화로 치료 경과를 파악하는 다른 질환과 달리 정신 질환은 상당 부분을 주관에 의존한다. 그렇기 때문에 치료자가 현재 치료 상황에 확신을 갖기란 쉽지 않다. 흔들리는 사람들을 대하면서 나는 최대한 흔들리지 않아야 한다. 정신과 의사가 질병의 호전을 향해 잘 이끄는 중이라는 자기 확신을 가지기 위해선 경험과 지식이 필요하다. 지금의 난 경험이 많은 편이 아닌데, 축적되려면 기다릴 수밖에 없으니 더욱 공부가 필요하다.

　　내과나 외과에서처럼 정신과에서도 질병에 완패하여 환자를 잃는 순간이 있다. 전공을 가릴 것 없이 모든 의사에게 가장 힘든 순간이지만, 정신과 의사가 느끼는 괴로움은 조금 결이 다른 것 같다. 타격이 크다. 나 역시 그랬고, 내가 옆에서 목격한 동료들도 그랬다.

　　그 어떤 과보다 깊이 대화를 나누고 많은 시간을 함께한 환자를 떠나보내는 것이니 당연하지 않을까? 그런데 한편으로는, 질병의 경과가 눈에 보이지 않기 때문에 더 힘든 것이라는 생각이 든다. 누구라도 살릴 수 없는 심각한 상태였음을 보여주는 객관적인 검사 결과나 지표가 존재하지 않기에, 무조건 내 잘못 같다. 여간해선 '그래도 치료자로서 최선을 다했다'며 자기합리화하기 힘들다.

이렇게 하면 살릴 수 있지 않았을까? 내가 다르게 접근했어야 하는 것 아닌가? 내가 아닌 더 경험 많고 실력 좋은 의사에게 갔다면 지금 잘 지내지 않았을까? 공부도 부족한 주제에 병원 밖 활동에 시간을 쏟는 내가 제대로 된 의사라 할 수 있나? 이런 생각들의 공격을 무방비 상태로 맞는다.

죽음은 참 예측하기 힘들다. 위험을 예측한 경우도 있지만, 예상치 못한 경우들도 있다. 내가 두 번째로 잃은 분도 그랬다. 망상의 내용을 두고 참 많이 옥신각신했다. 약을 꾸준하게 복용하게 만들기 위해 입씨름도 정말 많이 했다. 노력이 통했는지 그는 호전되었다. 스스로가 주장하던 것이 실은 망상이며 그 때문에 크게 후회할 일들을 저질렀다는 사실을 깨닫게 되었다. 그리고 그는 죽음을 선택했다. 나는 그 죽음을 전혀 예측하지 못했다.

세 번째로 잃은 분도 비슷했다. 자주 만나서 정말 많은 이야기를 나눈 분이었다. 평생 나을 것 같지 않던 우울감이 사라졌다며 정성스러운 감사 편지를 건네시기도 했다. 주변 사람들에게 정신과 치료를 적극 추천하기도 했다. 그런 그가 어느 날부터 악화되기 시작했다. 제발 이유를 말해 달라는 내게 입을 다문 모습만 보이더니 갑자기 죽음을 선택했다.

그날은 너무 슬프고 힘들었다. 그냥 아무 일도 없었다는 듯이 퇴근해서 집으로 갈 수는 없었다. 장례식장이라도 가야겠다는 생각이 떠올랐다. 하지만 동시에 적절한 행동인지 확신이 들지 않았다. 가서 날 뭐라고 소개하지? 안 그래도 힘들 유가족들에게 내 존재가 더 큰 스트레스를 안기지는 않을까? 내 힘든 감정을 약간이라도 덜겠다고 가족을 더 힘들게 만드는 건 아닐까? 정말 심각하게 고민이 되어 어찌하면 좋을지 동료에게 전화를 걸어 물어보았다. 내 염려와 비슷한 이유로 만류하는 그의 조언에 따랐다. 그리고 집에서 혼자 조용히 울었다.

그 일이 있은 뒤 얼마 지나지 않은 때, 진료실에서 연달아 이런 말을 들었다.

"제가 죽어도 그냥 환자 한 명 줄어드는 것 아닌가요?"

"그런데 다들 보통 죽겠다 말만 하고 실제로 죽는 경우는 없지 않아요?"

최대한 내색하지 않으려 했지만 내 표정에 감정이 드러났나 보다. 나는 그럴 의도가 아니었지만, 두 분 모두 내게 미안하다고 말했다.

아주 많이 힘들 땐 정신치료를 피하고 싶다는 생각이 들기도 한다. 정이 덜 들수록, 그 사람에 대해 덜 알수록, 내가 짊어질 책임의 무게도 줄어드는 것이니까. 하지만 짧으나마 경험이 쌓이며 느끼는 것이 있다. 그것은 내가 너무 많은 것을 책임지려 하지 않아도 된다는 것이다.

"어떤 문제로 오시게 되셨나요?"

이 말을 건넸을 뿐인데 눈물을 흘리며 감정을 털어놓는 사람들. 별다른 가이드 없이도 억압되어 있던 생각과 감정을 스스로 알아채며 정리해 나가는 사람들. 예상보다 훨씬 더 크고 빠른 변화를 보이는 사람들. 이들을 볼 때, 변화를 이끌어내는 여러 요인 중 내가 차지하는 비중은 그리 크지 않다는 생각이 든다. 분명히 난 그들에게 많은 것을 제공하지 않았다. 스스로 변화의 필요성을 마음 깊은 곳에서 느끼고 직접 찾아온 환자들의 내면에는 이미 충분한 힘이 있었다. 씨앗이 싹을 피우고 자라나는 데는 많은 것이 필요하지 않다. 그저 적절한 토양과 햇볕만 있으면 씨앗 속에 내재된 힘에 의해 저절로 싹이 트고 자라나듯, 그들에게는 말할 공간과 들어줄 사람이 필요했을 뿐이다.

따라서 치료에서 내 역할은 생각보다 크지 않을 수 있다.

과도한 책임감과 죄책감은 자기 능력을 과대평가하고 있었다는 증거가 된다. "죄책감은 적당해야 합니다." 내가 진료실에서 자주 하던 이야기 아닌가. 일자 샌드의 책《센서티브》에는 죄책감의 속성에 관한 이런 문장이 등장한다.

> 죄책감과 힘은 동전의 양면과 같다. 죄책감을 느끼는 사람은 자신에게 힘이 있다고 생각한다. 당신이 과도한 죄책감을 느끼는 경향이 있다면, 그것이 적절한 감정인지 검토해볼 필요가 있다.

그 어떤 치료자도 모든 치료에 성공할 수는 없다. 날 믿고 찾아온 사람을 구하지 못한 것에 괴로움을 느끼는 것은 너무도 당연하지만, 과도하게 자책해서는 안 된다. 나 자신의 한계점을 인정하고, 그럴수록 당장 내가 할 수 있는 것에 집중해야 한다. 지나친 자책은 망상을 대화로 고치지 못한 것에 좌절감을 느끼던 1년차 전공의 때의 잘못된 생각을 되풀이하는 것뿐일지도 모른다. 나 스스로를 너무 크게, 정신치료의 세계를 너무 가볍게 보는 오만한 생각일 것이다.

이렇게 생각을 정리한 후로는 힘들다고 느끼는 순간이 조금 줄어들었다. 하지만 그래도 아주 가끔씩 크게 힘들 때에는, 그 감정에 여태까지 진료실에서 쌓아온 긍정적인 기억들이 모두 소각되는 느낌을 받는다. 그럴 때는 잠시 고개를 돌려 뒤를 바라본다. 지난 기간 내담자들에게 받은 편지들을 모아 놓은 상자를 열어본다. 내가 구하지 못했던 분의 편지도 들어있지만, 그래도 그것들이면 충분하다. 충분히 위안이 된다.

예약 부도 1년째인
D씨를 기다리는 이유

**"내가 언제까지나 기다릴 수는 없겠지만,
그래도 조금만 더 도전해보고 싶다"**

    치료를 어렵게 만드는 이유에는 여러 가지가 있는데, 대표적인 것이 '치료에 오지 않는 것'이다. 그중에서도 정말 강적이라 느껴지는 분들이 간혹 있다.

    내가 일하는 병원은 예약제로 운영되는데, 몇 가지 원칙이 있다. 미리 알리지 않고 예약 일에 오지 않는 것은 다른 사람의 진료 기회까지 빼앗는 것이기 때문에 몇 차례 반복되면 경고 메시지를 드리고, 그럼에도 반복될 경우엔 안타깝지만 진료를 종결한다. 마음이 아프지만 어쩔 수 없다. 병원 운영을 위해서 피할 수 없는 일이고, 치료에 더 의지를 보이는 분을 우선 돕는 것은 당연한 일이니까. 그런데 1년이 훌쩍 넘는 동안 내가 끊어내지 못하고 있는 한 분이 있다.

D씨는 사람을 대하는 일에 심한 불안과 공포를 느낀다며 병원을 찾았다. 그는 집과는 거리가 꽤 먼 병원까지 택시를 타고 왔다. 경제적으로 넉넉해서가 아니다. 대중교통을 이용하지 못할 정도로 대인공포가 극심했던 것이다. 약물치료와 상담을 병행하며 D씨는 많이 호전됐다. 대중교통을 타고 병원에 오기 시작했고, 아르바이트를 하는 곳에서도 예전보다 타인의 시선을 덜 의식하며 도망치지 않고 꾸준히 일할 수 있었다. 하지만 그 정도로 만족하기엔 무언가 아쉬웠다. 여전히 필요 이상으로 대인관계에서 불안을 느꼈다. 다른 사람 눈치를 많이 보고, 자기감정과 생각은 겉으로 드러내지 못했다. 타인과 가까워지고 싶어 하면서도 동시에 타인을 신뢰하지 못했다. 그리고 나는 그 모습의 근원이 가족 관계에 숨어 있으리라 추측했다. 상담 기간이 꽤 길어졌는데도 D씨는 가족 이야기를 꺼내기 싫어했다. 이야기가 조금만 이어질 듯하면 서둘러서 말을 끊었다. 부모님 이야기를 하는 것 자체에 죄책감을 느끼는 것처럼 보였다. 아주 조금 꺼낸 이야기에 의하면, D씨는 어린 시절부터 쭉 집에서 심한 차별을

받았다고 했다.

　D씨가 사람을 피하는 이유는 과거 가족 관계에서 비롯된 것일 가능성이 높았다. 과거의 경험에서 '가까운 사람일수록 자신에게 상처 준다'고 학습했기 때문에 새로운 사람과 가까워질수록 도망가는 것일 테다. 그러나 이것은 단지 내 추측이었다. 깊은 상담으로 추측이 사실인지 확인해야 했다. 상담 과정에서 D씨의 무의식에 쌓여 있을 거대한 부정적 감정을 털어내고, 그 감정들이 현재의 우울과 불안을 만들어냈음을 스스로 깨달아야 진정한 변화가 가능하다. 나는 D씨에게 심층적인 정신분석적 상담을 제안했고, D씨는 긴 고민 끝에 제안을 받아들였다.

✢

　그때 D씨가 내 제안을 받아들인 것은 스스로 필요를 느끼기도 했지만, 그보다는 거절하기 어려워서였음을 나중에야 깨달았다. 상담 시간에 나누는 이야기는 불안의 근원을 쫓아 점차 과거로 나아갔다. 하지만 그 과정이 D씨에겐 너무도 힘들었나 보다. 이야기가 부모님과의 관계에 관한 것으로 향할수록 D씨는 치료에서 도망갔다. 계속 타이르고 치료 의욕을 북돋는 말을 해도 소용없었다. 이로 인해 꾸준한 약물치료마저 불가능해졌고 그동안 호전됐던 사회불안 증세가 고개를 들었다. 다시 택시를 타고 병원에 오기 시작했다. 아예 치료가 종결될 지경에 이르렀기에 약물치료 위주의 짧은 상담으로 치료를 전환하기로 했다. 행여나 평소 진료 습관대로 더 파고 들어가는 질문을 던졌다가 도망갈까 싶어 진료 차트에 '서두르지 않기'라는 말도 적어 두었다.

하지만 그 사이 이미 D씨의 마음속 경계는 더 삼엄해졌다. 자신의 무의식 속 역린을 지키기 위해 병원을 떠났다. 몇 달이 지났을까, 진료 예약 명단에 D씨의 이름이 다시 나타났다. 그사이 근무지를 옮겨 새로 개원한 내게 선물로 줄 손수 만든 케이크와 함께. 정신과 의사로 일하면서 분에 넘치게 자주 환자 분들에게 정성스런 선물을 받는다. 선물은 SNS나 병원 홈페이지 등에 공개하지 않는다. 가끔 SNS에 다른 과 친구들이 받은 선물을 올려놓은 것을 볼 때 부럽기도 하지만, 내 행동이 다른 환자에게 부담으로 작용할 수 있기에 꾹 참는다. 그런데 이날 받은 케이크만은 평소의 기준을 비켜갔다. 그만큼 정말 반가웠고, 다시금 꾸준히 치료를 이어 나가자고 간곡히 이야기했다. 깊은 상담을 하지 않아도 되니, 치료의 끈은 꼭 이어가자고.

그 후로 지금까지 1년 가까이 계속 줄다리기가 이어지고 있다. D씨의 마음속에서, 그리고 내 마음속에서도. D씨는 밥 먹듯 예약 부도를 하고 있고, 나는 그런 D씨의 진료 예약을 계속 받아주고 있다. 그럴 때마다 고민이 들었다. 분명히 우리 병원엔 원칙이 있다. 예약제로 운영되기에, 특별한 이유 없이 몇 차례 예약 부도를 내면 더 이상 예약을 받지 않는다. 그런데 왜 나는 D씨에게 그 기준을 적용하지 않고 있는 걸까? 스스로에게 질문을 던졌다. 분명히 이건 아닌데. 너무나 정성스러운 선물을 받아서? 마음 아픈 과거사에 감정이입을 해서? 단순히 그 이유들 때문만은 아니다. 읽다 보면 눈물 나는 감동적인 편지를 건네준 분도 있었고, 그 누구와도 비교할 수 없을 만큼 마음 아픈 과거사를 가진 분도 많았다. 유독 이분에게 심한 친절을 베푸는 것은 아닌가, 나 자신에게 생긴 역전이(counter-transference: 내담자가 치료자에게 무의식적으로 느끼는 감정이나 태도가 '전이'라면, 역전이는 치료자가 내담자에게 느끼는 무의식적인 감정이나 태도다.)는 없나 곰곰이 살펴보기도 했다.

"원장님, D님 오늘도 못 오신대요."

간호사의 메시지에 빈 진료실에서 나도 모르게 입 밖으로 흘러나온 말은 이랬다.

"그래, 누가 이기나 보자."

어느덧 내 무의식에선 D씨의 계속되는 예약 부도를 도전으로 받아들였나 보다. 왜 그랬을까? D씨는 어느 정도까지 의식할지 모르겠지만, D씨의 모습은 무의식적인 행동일 가능성이 높다. 그의 반복되는 행동은 나를 시험하고 있었다. 계속해서 나를 자극하고 있었다. 얼른 화를 내라고, 자기를 내치라고, 너도 결국 이제껏 만나온 사람들과 똑같지 않느냐고. 이런 현상은 '투사적 동일시'라는 방어기제에 의한 것이다. 이런 투사적 동일시의 공격을 받은 사람은 그 공격을 가한 이의 무의식이 의도한 대로 화를 내게 되고, 결국 관계는 끊기고 만다. 보통 그렇다. 친구가 계속 약속을 일방적으로 취소한다면 누가 끝까지 참아내겠는가? 참을 이유도, 필요도 없다.

하지만 진료실에서의 관계는 다르다. 정신과 의사는 내담자의 투사적 동일시에 맞서 이전 사람들과 다르게 흔들리지 않고 일관적으로 안정된 태도를 보임으로써 변화를 유도할 수 있다. 물론 이렇게 계속해서 기다려주는 관계는 현실 속에 거의 없다는 것, 그러므로 자신의 투사적 동일시로 인한 행동을 알아채고 멈춰야 한다는 것도 반드시 일깨워줘야 한다.

아직은 이 이야기를 나눌 때가 아니다. 나는 D씨에게 그의 인생에서 너무도 중요할, 사람을 믿는 마음이 생기기를 꿈꾼다. 상처에 극도로 취약한 그의 마음에 안정감이 심어질 때까지 조금 더 기다리고 싶다. 물론 실패할 가능성이 꽤 높고, 내가 해야만 하는 일도 아니다. 매번 예약 부도나는 그 시간을, 자신의 아픔을 솔직하게 털어놓으며 치료받기를 원하는 사람에게 사용하는 것이 효과적일 수도 있다. 내가 언제까지나 기다릴 수는 없겠지만, 그래도 조금만 더 도전해보고 싶다. 모두에게 이런 자세를 취할 수는 없지만, 한 사람 정도에게는 이런 낭만적인 기대를 걸어 봐도 괜찮지 않을까?

나라고
감정이 없겠습니까

"참 특수한 관계다.

가장 가까우면서도 서운하리만큼,

가끔은 서글프리만큼 먼 사이"

　　몇 달 전부터 새로 생긴 내 취미 생활은 유튜브 댓글 읽기
다. 그런데 어느 날 눈에 들어온 댓글 하나가 너무도 강렬했다.
잊기 싫어서 따로 저장해두었다.

　　방송을 보다가 한 달에 두어 번 보는 의사가 제게 어떤 존재일
까 역으로 생각해봤는데, 나의 내밀한 얘기를 했지만 나와 친
하지는 않은, 정체가 떠오르지 않는 어떤 인물. 가깝지도 않고
멀지도 않고, 하지만 힘들 때마다 약을 주는 사람. 이상한 속

내까지 다 늘어놓아도 얼굴을 찌푸리지 않는 사람. 나를 좋아하지도 싫어하지도 않기 위해 객관적으로 노력하느라 힘들 사람… 그런 느낌입니다. 그들은 직업이고, 나는 사적인 문제를 해결하러 다니는 사람이어서 서로의 이해관계가 맞는다는 건 사실상 어렵겠지만, 그걸 절대로 티를 낼 수 없는 사이. 무언가 적당한 것을 늘 찾아야 하는 사람. 친구보다 더 많은 것을 말했지만, 친구가 될 수 없는 사람. 저에게 정신과 의사 혹은 심리 상담가라는 특수한 직업인과의 관계는 아직 어렵게 느껴집니다. 오늘은 또 무슨 이야기를 해야 제대로 된 약을 받을 수 있을까. 내가 먹고 싶은 약을 받기 위해 어떤 증세를 강조해야 할까를 늘 고민합니다. 그것이 내 솔직한 마음입니다. 정신적으로 많은 도움을 받지만, 내 일상에는 존재하지 않는 허상처럼도 느껴지는… 오늘 밤에 죽고 싶을 만큼 힘들어도 나는 주치의에게 도움을 요청할 수 없습니다.

그렇다. 치료자와 내담자는 서로를 길들이며 특수한 사이가 되어가지만, 분명 한계가 있는 관계다. 진료실에서도 이런 한계를 느끼는 순간을 만나곤 한다. 한계를 알고 시작하는 관계지만, 어쨌든 사람과 사람의 만남이 아닌가. 여러 감정이 오간다.

가장 흔한 것은 더 친해지고 싶다는 것인데, 이는 어찌 보면 너무도 당연한 감정이다. 병원 밖에서 따로 만날 수는 없는지, 사적인 만남이 금지라고 하지만 어차피 밥을 먹어야 하는 점심시간에 함께 식사를 하면 안 되는지 묻는 경우도 종종 있다. 치료가 종결된 후에는 만나도 되는 것 아닌지, 아주 잠깐만 격려나 위로의 의미로 안아주면 안 되는지 묻기도 한다. 이럴 때는 치료자와 내담자가 사적인 관계를 맺으면 안 된다는 치료 원칙을 다시금 상기시킨다.

더 친해지고 싶다는 가벼운 호감만 있는 것이 아니다. 더 내밀하고 다양한 감정이 흐른다. 뜨거운 감정을 표현하시는 분도 있다. 전이 현상은 참 신기하면서도 생각보다 흔하게 일어나는 일이다. 〈뇌부자들〉에 접수되는 사연 중에도 치료자에게 이성적인 감정을 품게 되어서 어찌해야 할지 모르겠다는 분들의 이야기가 잦다.

눈앞에서 전이 감정을 표현하는 분에게 적절하게 대응하는 일은 꽤 경험이 쌓였다 해도 여전히 쉽지 않다. 대개는 이런 감정에 즉각 거절을 표한다. 그러나 대답을 미룬 채 그런 감정을 느끼는 이유를 자세히 살펴볼 때도 있다. 그리고 결론적으로는 당연히 거절의 대답을 한다. 치료 상 금기를 넘어서는 행동은 양쪽 모두에게 위험하기에 어쩔 수 없다.

치료자가 강하게 공감해주지 않는다, 별 반응이 없다, 따뜻하게 맞아주지 않는다고 불만을 토로하는 경우도 있다. 치료자는 나에 대해 많은 것을 아는데, 왜 당신은 당신에 대해 대부분을 숨기고 알려주지 않느냐며 투정 섞인 말을 들을 때도 있다. 그럴 땐 "제 이야기를 하는 시간이 아니니까요"라는 내 단골 멘트를 자주 사용한다. 개인적인 질문에는 대답을 피하며 다시 치료 얘기로 돌아오도록 유도한다.

선생님이 선물에 시큰둥하다며 별로 안 좋아하는 것 같다고 서운한 표정으로 가셨다는 말을 병원 직원에게 전해 듣기도 한다. 어느 날 갑자기 치료에 나타나지 않다가 오랜만에 돌아온 내담자는, 머리로는 이해하지만 그래도 자신에게 다시 치료로 돌아오라는 연락을 주지 않아 서운하다고 했다.

÷

그런데 나라고 감정이 없겠는가. 드러내지 않을 뿐이다. 잡아주지 않아 서운했다던 분에 대해서는, 어떻게 해야 치료 의지를 북돋울지 고민하고 걱정했다. 다시 치료로 돌아오라며 전화를 해볼까? 하지만 참았다. 각박하게 느껴지겠지만, 이유가 있다. 나는 내 한정된 에너지를 당장 오늘 찾아와 주신 분들에게 집중하는 편이 옳다고 판단한다. 나는 모든 분을 완벽하게 챙길 수 없다. 예약 일에 몇 차례 오지 않으며 치료에 소홀히 하는 모습을 보인 그분에게 치료 의지를 조금만 더 내보자고 이미 수차례 간곡하게 말했다. 오지 않을 때마다 병원에서 연락도 드린다. 하지만 그래도 오지 않는 분에게 그 이상의 행동을 취할 수는 없다. 치료의 주체는 내가 아니라 내담자여야 한다. 내가 억지로 끌고 가는 치료는 결국 길게 가지 못한다.

선물을 받을 땐 내 나름대로 감사 표시를 한다. 하지만 절제된 감사를 표현한다. 평소와 다른 방식의 감정 표현은 내담자에게 큰 영향을 미칠 수 있기 때문이다. 이는 나를 위한 것이기도 하다. 나의 과도한 리액션으로 선물이 계속된다면, 나도 어느새 기대를 하게 될지 모른다. 그리고 그 기대는 필연적으로 실망으로 이어진다.

선물이 있든, 없든 나 역시 내담자들에게 강한 감정이 든다. 수개월, 몇 년째 만나는 사람들에게 나라고 친밀감이 안 들겠는가. 내 인생의 다른 어떤 친구와도 이렇게 긴 시간 속마음을 털어놓는 대화를 나눈 적이 있을까. 태어난 순간부터 지금까지 어떻게 살아왔고 누구를 만났으며 어떤 슬픔과 기쁨이 있었는지, 은밀한 기억과 숨기고픈 생각뿐 아니라 그들의 가족이 어떤 사람인지 시시콜콜 아는 관계가 내게 있었던가. 단연코 아무도 없다.

과거에만 관여하는 것이 아니다. 나를 만난 순간부터 그들의 삶에는 내 책임이 일부 지워진다. 물론 법적으로 생기는 것도, 누가 억지로 지우는 것도 아니지만 내 마음속에 생긴다. 그들 삶의 주체는 그들 자신이지만, 나와 함께하는 동안 나는 그들의 삶에 여행 가이드처럼 동행한다. 그들의 일상을 듣고 중요한 의사결정을 하는 순간에 동참한다. 증상이 호전되고 악화되는 과정을 지켜보고, 과거 실수를 반복하는 모습과 갑자기 나타난 인생의 암초에 같이 안타까워한다. 그걸 옆에서 바라보는 내 감정 역시 편하지 않다. 그들 인생의 항해를 같이 겪어 나가면서도, 그 이야기의 한복판으로는 들어갈 수 없는 나. 그 모호한 포지션에 답답함을 느끼기도 한다. 마음 같아서는 인생의 풍파들을 대신 해결해주고 싶기도 하다. 경제적 지원을 해주고픈 사람도 있고, 내 친구와 소개팅을 해주고 싶단 생각이 들기도 한다. 우리 병원에서 일하게 하면 더 안정적으로 지내지 않을까? 순간 이런 생각도 든다. 대화하는 시간이 매우 즐거워 밖에서 만나도 재밌을 것 같은 사람도, 정말 안타깝거나 너무 기특해서 친한 동생처럼 등을 두드려주고 싶은 사람도 있다.

하지만 이 모든 것을 아주 잠깐의 생각으로만 끝낸다. 내가 할 수 있는 것과 할 수 없는 것, 그것을 나누고 인정하는 것이 중요하다. 내게 드는 그 감정들을 다스리며 지나간다. 그래야만 하니까. 그들의 곁에서 같이 걸어가고 있지만, 분명히 주체는 내가 아닌 그들이다. 나는 인생이란 여행의 가이드일 뿐. 무리하게 개입해서도 안 되며, 지나친 책임감을 가지는 것도 분수에 맞지 않다. 삶의 방식을 내가 결정해줘서는 안 된다. 그들의 결정을 지지하거나 만류할 수는 있지만, 결국 선택은 스스로 내리도록 해야 한다. 치료자의 과도한 책임감과 역할을 넘어선 행동은 그들을 어린아이처럼 의존하는 사람으로 만들 수 있다. 그들에게는 즐겁게 만나고, 울어주고, 서로를 안아줄 그런 사람이 필요하지만, 내가 되어서는 안 된다. 그런 사람을 진료실 바깥의 현실 세계에서 찾는 것이 결국 그들에게 필요한 일이고 그들이 해야만 하는 일이니까. 진료실 밖에서까지 나와의 인연이 이어진다면 현실적 성장을 가로막는 일이 된다. 그렇기에 우리의 관계는 정해진 선을 지켜야만 한다.

한계를 가장 크게 느낄 때는 치료가 성공적으로 끝나 헤어지는, 진료의 마지막 순간이다. 그때는 내게도 의미가 크다. 처음에 왔을 때와 확 달라진 내담자의 모습을 보고 있으면 마음속에 뿌듯함과 감동이 차오르기도 한다. '그래, 이 직업을 선택하길 잘 했어'라는 생각이 든다. 내담자들은 내게 감사를 표하고, 나 역시 그동안 날 믿고 충실하게 치료에 임해준 것에 고마움을 전한다. 앞으로 분명 혼자서도 잘해낼 수 있을 거라는 확신을 얹어드린다. 간혹 신경 쓰이는 부분이 있을 때는 염려와 당부를 더하기도 한다. 그리고 이제 정말 헤어질 순간이다. 내담자가 묻는다.

"그럼 이제 그냥 나가면 되나요? 이게 끝인가요?"

그와 내가 느끼는 감정은 아마도 동일했을 것이다. 뭔가 부족하다. 누구에게도 말하지 않았던 마음속 깊은 비밀까지 다 털어놓으며 길게 만났던 사람과의 이별 자리치고는. 그 부족함에 뭔가 어색하다. 마지막으로 악수라도 해야 하나? 혹시 서양에서는 이런 상황에 가벼운 포옹이라도 하는 것이 용납되려나? 나는 자리에서 일어선 뒤 복잡 미묘한 감정을 가리려는 듯 고개를 숙이며 인사하는 것으로 상황을 마무리 짓는다.

"네, 가시면 됩니다."

나도 꽤 아쉽고 서운하다. 하지만 원래 이런 자리다. 참 특수한 관계다. 가장 가까우면서도 서운하리만큼, 가끔은 서글프리만큼 먼 사이.

지금 이 순간, 진료실에서 만난 여러 얼굴이 쭉 떠오른다. 특히 더 강하게 떠오르는 분도 있다. 그들과의 기억을 통해 이런 한계 안에서도 최선을 다해 서로를 위하고 도움을 주었던 관계라는 것이 다시금 마음속에 새겨진다. 내가 그들에게 주는 도움은 계약관계에 의한 너무나 당연한 것임에도 그들은 안 해도 되는 감사를 표현하고, 주지 않아도 되는 도움까지 준다. 내 변화를 잘 알아채는 분도 많다. 내가 한창 바쁠 때 말라가는 얼굴이 안쓰럽다며 간식, 음료수, 영양제, 홍삼 등을 건네곤 한다. 코로나 바이러스로 온 국민이 마스크를 구하지 못해 안달일 때도, 건강 잘 챙기라며 본인도 어렵게 구했을 마스크를 주는 분도 있었다. 정말 마음 깊숙한 곳에서 고마움을 느낀다.

한편으론 우리가 일종의 공생관계라는 생각도 든다. 그들에겐 내가 필요하지만, 나 역시도 그들에 의해 살아간다. 환자가 없는 의사가 무슨 쓸 데가 있겠는가. 내가 지금 만나는 사람들에게 그들의 심리를 잘 아는 척 대할 수 있는 것은, 이전에 만났던 사람들 덕분이다. 물론 선배들과 교과서에서 배웠던 것이 토대가 되었지만, 그 위에 계속해서 쌓이고 있는 것은 온전히 진료실에서 만난 사람들에게서 온 것이다.

잘 회복된, 그래서 떠나간 분들에게 고맙다. 그분들을 통해 실제 회복이 가능하다는 것을, 어떤 상황에서 어떻게 해야 회복될 수 있다는 것을 배웠다. 내게 자신감을 심어주기도 했다.

잘 회복되지 않은, 그래서인지 결국 떠나간 분들, 그럼에도 지금까지 함께 하는 분들 모두에게 고마움을 느낀다. 그분들을 통해 이 일이 절대 가볍고 쉽지 않음을, 한 사람의 삶에 큰 영향을 미치는 무게 있는 일임을 배웠다.

내가 만났던 이들에게 느끼는 다양한 감정들, 내일도 진료실에서 느끼고 있을 것이다. 그리고 대부분의 시간에 그 감정들을 감추면서 상대방의 감정을 살피고 있을 것이다. 조금은 서글프지만, 그래서 이 글을 썼나 보다.

나만
부족해 보일 때

"저보다 힘든 상황의 환자도 있겠지만,

저만큼 답 없는 환자는 없죠?"

　〈뇌부자들〉을 시작한 지 몇 개월 지난 어느 날, 처음으로
텔레비전 출연을 제안받았다. 짧은 인터뷰나 찬조 출연이 아닌
메인 게스트 자리였다. 지금 생각해보면 분명 그렇게까지 큰 일
은 아니었는데, 당시의 우리에겐 엄청나게 놀라운 일이었다. 텔
레비전에 출연한다니! 일간지나 잡지 등 여러 매체와 인터뷰도
진행했지만, 텔레비전 출연은 분명 느낌이 달랐다. 머릿속에 온
갖 생각이 스쳐갔다. 얼마나 많은 사람이 볼까? 그중 몇 명이나
〈뇌부자들〉을 찾아 듣게 될까? 구독자가 되진 않더라도 정신과

를 바라보던 시선은 조금 달라지겠지? 편견도 조금은 줄어들겠지? 이런 희망에 찬 생각들은 잠시, 자연스럽게 불안이 고개를 들었다.

'말을 잘할 수 있을까? 엄청 긴장되겠지?'

'애초에 왜 재미없는 주제를 얘기할 수밖에 없는 우리를 불렀을까?'

'흔히들 말하는 '악마의 편집' 희생양이 되지는 않을까?'

정신과를 향한 불안과 공포는 정보가 부족하기 때문이라고 판단한 우리의 생각이 맞았음을 증명하는 것처럼, 방송에 대한 완전한 무지가 불안을 만들어냈다. 정말 아는 게 없었다. 대본이라는 것은 있는지, 있다면 얼마나 그대로 흘러가는지, 말실수를 하면 끊고 다시 얘기해도 되는지 모르는 것 투성이었다.

미리 받은 예상 질문지에 답변을 적고 고치기를 반복했다. 답변이 너무 길어 보였다. 이렇게 길면 통 편집당하지 않을까? 그래, 짧고 간결하게 말해야 전문가처럼 보일 거 아냐. 아니야, 그럼 뇌가 비어 보이겠지.

다음으로 대본을 받았다. 세상에, 같이 출연하는 게스트가 배우 박진희 씨였다. 내 인생 첫 핸드폰 걸리버의 모델. 그렇구나, 이게 역시 그렇게 큰 자리였구나. 불안이 더 상승했다. 이 불안을 가라앉힐 수 있는 유일한 방법은 완벽한 준비밖에 없어 보였다. 대본을 달달 외우기 시작했다. 도중에 하나라도 어긋나면 당황할 수 있기 때문에 조사 하나까지 외우려고 노력했다. 이런 내가 너무 어색했다. 난 분명 불안 수준이 낮은 사람이다. 그간 내 인생에서의 몇몇 낭패 지점은 불안에 짓눌려서가 아니라, 지나치게 불안이 부족해서였다. 그런 내가 그날은 왜 그리 불안했을까?

지금 와서 돌이켜보면 당시 내가 잘 느끼지도 못하고 있던 생각의 흐름은 이러했다.

〈뇌부자들〉은 내 인생에서 의과대학 입학 이후 15년 만에 만난 큰 성공 경험이었다. 물론 그 사이 여러 가지 성취들이 분명 있었다. 대학 내 게임대회에서도 여러 번 우승했고, 의과대학 농구대회 우승과 MVP 트로피도 안아 보았고, 좀 늦어졌지만 의사 면허증과 전문의 면허증도 받았다. 너무도 감사하게 좋은 사람과 결혼했고, 완벽하게 사랑스러운 아이들도 얻었다. 이렇게 감사할 일이 많았는데, 〈뇌부자들〉을 통한 성취는 뭔가 달랐다. 다른 성취들은 내가 처음부터 기대하고 얻어내기 위해 노력했던 것이라면, 〈뇌부자들〉은 예기치 못한 성질의, 예상치 못한 규모의 성공이었다. 그게 문제였다. '예상치 못하게 내 인생에 불쑥

들어온 이 성취는, 반대로 말하면 언제든 신기루처럼 사라질 수 있는 것 아닐까?' 내 무의식에선 〈뇌부자들〉을 이렇게 받아들이고 있었다. 그래서 난 그것을 놓치지 않기 위해 당시의 나 자신도 대체 왜 이럴까 싶을 정도로 열심히 몸부림쳤다. 시간을 쥐어짜내 사연을 보내주신 분들에게 답 메일을 드리고, 다른 멤버들에게 더 열심히 하라고 계속 다그쳤다.

그런 와중에 또 예기치 않게 찾아온 첫 텔레비전 출연 기회는 양날의 검 같은 것이었다. 예상보다 커지던 〈뇌부자들〉을 더 키울 수 있는 기회이기도 했지만, 팟캐스트에서는 녹음 편집과 대본 그대로 읽기를 통해 숨겨왔던 부족함이 그대로 드러날 위험한 자리이기도 했다. 좋은 기회가 될 것이란 생각에 섭외에 응했지만, 막상 머릿속을 지배한 것은 잘될 것이란 희망이 아니라 잘못하면 끝장날 것이라는 불안이었다.

✢

진료실에서 환자들에게 스스로가 느끼는 지나친 불안에 관한 이야기를 정말 자주 듣는다. 그리고 그 불안을 다루는 치료 기법 중에는 최악의 가능성들을 직접 적거나 이야기해보게 하는 방법이 있다. 그 가능성들을 이야기하면서 스스로 웃게 되는 경우도 종종 본다. 실현 가능성이 극히 낮은 불안 요소에 휘둘려 극심한 공포를 느낀 스스로의 모습을 확인하며, 헛웃음이 나오는 것이다. 나 역시 지금 당시의 생각들을 적다 보니 헛웃음이 나오지만, 그땐 그 불안에 휩싸여 있었다.

결국 녹화 당일은 찾아왔다. 어찌나 떨리던지. 함께 출연한 〈뇌부자들〉 멤버 오동훈과 나는 수행 불안 환자에게 처방하는 약을 준비해갔다. 출연자 대기실에 도시락이 있었지만 식욕이 있을 리 없었다. 밥 대신 약만 먹고 촬영장에 들어섰다.

"뇌부자들입니다!"

소개 멘트가 이어진 뒤 걸어 들어가는 그 짧은 거리의 걸음걸이조차 어색했다. 그걸 눈치 챈 진행자와 패널들이 웃는 것 같았다. 자리에 앉은 뒤 눈을 한번 질끈 감으며 내게 말했다.

'잘할 수 있어, 지용아, 넌 잘할 거야.'

기적 같은 평안함이 찾아오길 기대했지만 현실은 그렇지 않았다. 눈을 뜨자 모든 것이 흐려져 있었다. 머릿속도, 시야도 모두 다 안개 낀 듯 맑지 않았다. 분명 수행 불안 환자 대다수가 이 약의 도움을 받았다고 했는데, 당시 나의 불안을 꺼뜨리기엔 부족한 양이었던 걸까. 녹화는 몇 시간이나 한 걸까. 불안하고 다급했다는 것 외엔 잘 기억도 나지 않는다. 다른 사람들이 대화할 땐 열심히 내 대본을 보며 멘트를 복기했고, 어떤 질문이 들어오든 내가 준비한 대답을 읊었다. 가장 선명하게 기억나는 것은 같이 출연한 동훈이의 모습이었다. 어찌나 능숙하게 대답을 잘하던지. 분명 똑같은 첫 텔레비전 출연인데. 그땐 부럽지도, 질투심이 나지도 않았다. 그래도 사람들이 〈뉘부자들〉에 어설픈 녀석들만 있다고 보진 않겠다는 생각에 그저 안도감만 들었다.

녹화가 끝난 후에도 긴장이 풀리지 않아 출연자들과 사진 촬영도 하지 못했다. 도망치듯 그 자리를 빠져나왔다. 그리고 첫 텔레비전 출연을 기념해 맥주 한잔을 하러 갔다. 자리에 앉자마자 나를 보며 입을 연 동훈이의 말이 아직도 생생하다. 당시 우리가 앉았던 그 자리, 동훈이의 표정, 말투, 말 한마디 한마디가 정확히 기억난다.

"아니, 형은 어떻게 말을 그렇게 잘해? 난 얼마나 긴장됐는데…."

순간 머리가 멍했다. 그리고 다음 순간, 허탈함에 크게 웃었다.

나중에 방영된 우리의 모습을 보니 정말 가관이었다. 둘이 똑같았다. 웃으며 첫 인사를 해야 할 타이밍에, 마치 전쟁터에 나가는 듯한 결연한 표정을 짓고 있었다. 분명 최대한 편집을 거쳤을 것임에도 방송 내내 대본만 들여다보는 모습이 계속 등장했다. 거울에 비춘 듯 똑같이 불안이 넘쳐나는 상대방의 동작을 우리는 왜 그렇게 해석했던 걸까.

진료실에서 수없이 많이 듣고, 그만큼 자주 지적하던 인지 왜곡을 정신과 의사 둘이 경험한 것이었다.

"분명히 다들 일이 많을 텐데, 회사에서 나 말고는 다 잘 견뎌내고 있는 것 같아요. 저만 부족하죠."

"다들 아이들과 행복하게 잘 놀아주던데요. 저만 부족하고 나쁜 엄마죠."

"친구들 SNS 보면 다 잘 지내고 있던데, 왜 나만 이렇게 힘든지…."

"저보다 힘든 상황의 환자도 있겠지만, 저만큼 답 없는 환자는 없죠?"

나와 비교하는 경우도 잦다.

"선생님은 이런 힘든 상황에 한 번도 처해 보시지 않았을 거잖아요."

"의대 간 거 보면 집에 돈이 많았을 거고, 지금도 좋은 데 살고 외제차 타실 거 아니에요."

꽤 흔히 듣는 이런 질문들에는 보통 대답하지 않는다. 그분들의 생각이 어떻게 흘러가는지 더 지켜본다. 이럴 때 누가 더 힘들었냐는 식의 고통 배틀이나 논쟁은 아무런 도움이 되지 않는다. 그런데 하루는 비슷한 말을 계속 듣던 중 이렇게 답한 적이 있었다.

"저에 대해서 뭘 아세요?"

그땐 뭐가 달랐던 걸까. 하필 그날은 진료실 책상에 병원 옆 은행에서 받아온 대출 계약서가 뒤집혀 있던 때이기도 했지만, 꼭 그 때문만은 아니었다. 오랜 기간 만나온 분이었기에, 그분이 가지고 있는 인지 왜곡의 실체를 직설적으로 알려줄 때가 되었다는 판단이었다. 또한 그간 쌓은 신뢰가 이 정도의 직면에 무너지진 않을 것이라는 확신도 있었다. 몇 번 만나지 않은 분에게 저렇게 말하면, 열에 아홉은 치료가 종결될 것이다. 이전에도 그분과 인지 왜곡에 대해 이야기를 나눈 적이 여러 번 있었지만, 분명 그날의 대화는 이후에 더 큰 변화를 이끌어냈다. 지식으로만 알고 있던 인지 왜곡을, 방송에 출연하며 직접 체험하는 사건으로 단박에 이해하게 된 것과 같은 이치였으리라.

하루는 진료실에서 이런 이야기를 들은 적이 있다.

"제가 지금은 많이 좋아졌지만, 지난 몇 개월 우울증으로 크게 고생했잖아요. 그런데 얼마 전에 만난 친구들 모두 '잘 지냈지? SNS 보니까 잘 지내고 있는 것 같더라'라고 얘기하는 거예요."

우리는 상대방에 대해서 얼마만큼 알까? 실제로는 잘 모르기 때문에 인지 왜곡이 발생한다. 따라서 뒤집어 생각하면, 서로 신뢰한다는 전제 아래 펼쳐놓는 솔직한 대화가 인지 왜곡에서 벗어나게 하는 좋은 방법이 된다. 그러므로 남과 비교가 되고 나만 부족해보일 때, 믿을 만한 누군가에게 용기 내 물어보고 확인해야 한다. 안 그래도 살기 힘든 세상에서 잘 지내기 위해 분명 필요한 것은, 힘든 일을 서로 마음 편하게 이야기할 수 있는 누군가다.

÷

〈뇌부자들〉 활동을 하며 이론으로만 알던 것을 현실로 체험한 경험이 많다. 멤버들과도 참 많은 일이 있었다. 3년 넘게 한 팀으로 활동하는 일은 쉽지 않았다. 부딪힐 일도, 서로 상처 주는 일도 있었다. 학교와 병원에서 10년을 부대끼며 서로 알만큼 알고 있다고 생각했지만, 그 또한 일부일 뿐이었다. 힘든 시간을 함께 하며 가족 이상으로 가까워졌다고 생각했지만, 그래도 남은 장벽들이 꽤 있었다.

우리가 서로 몰랐던 영역 속에는 주로 부족함과 미성숙함이 숨어 있었다. 나 역시 다른 멤버들에게 못나고 부족한 면을 너무 많이 보였다. 나의 과거 미성숙함이 되풀이됐다. 학부 시절 자존감을 지키기 위한 수단으로 농구를 할 때, 나는 동료들에게 잔소리가 아주 심했다. 내가 생각하는 기준에 맞춰 열심히 하는 사람이 별로 보이지 않았다. 그리고 졸업하고 나서야 후회했다. '잘하는 것도 좋지만, 그저 즐겁게 할 것을….'

이 패턴을 〈뇌부자들〉에서도 똑같이 반복했다. 내 생각에는 친구들의 노력이 부족해보였다. 분명히 더 잘할 수 있을 것 같은데, 성에 차지 않았다. 나 혼자 조금 더 열심히 하면 될 것을, 거기서 그치지 못하고 잔소리를 엄청 했다. 어느 날 윤희우와 허규형, 두 멤버가 MBC에서 제작하는 〈우울증도 괜찮아〉라는 팟캐스트를 진행하겠다고 했다. 우리가 추구하는 방향과 방송의 취지가 일치했고, 〈뇌부자들〉을 알릴 만한 좋은 기회임이 확실했는데도 난 불만을 표했다. 〈뇌부자들〉 활동에도 부족한 점이 많은데 군이 다른 프로그램을 해야 하냐며 잔소리를 했다. 그때 왜 그랬을까. 그 후에 나는 MBC 팟캐스트 〈서담서담〉에 참

여했고, 지금까지 1년 반째 지속해오고 있다. 민망하고 미안하다. 고맙게도 친구들은 나의 이런 미성숙하고 부족한 부분을 이해해줬다. 내가 열정적으로 나서서 일하며 다른 멤버들을 밀어붙였기에 〈뇌부자들〉이 더 성장할 수 있었다고 긍정적으로 해석해줬다.

나뿐 아니라 모두에게 각자만의 미성숙함이 있었다. 그리고 우리는 변해왔다. 내 눈에 비치는 멤버들 모두가 〈뇌부자들〉을 시작할 때에 비해 훨씬 솔직하고 안정적인 사람이 되었다. 자신의 부족함을 인정하고 지적을 받아들이며, 서로에게 의지하며 돕는 사람이 되었다. 다른 친구들이 다 바뀌었는데, 나 역시도 그렇지 않을까? 그 증거로 언젠가부터 친구들에게 잔소리를 한 기억이 없다. 겉으로만 안 하는 것이 아니다. 마음속에 불만이 없다.

〈뇌부자들〉을 긍정적으로 평가해주시는 분들에게서 공통적으로 이런 이야기를 듣는다. "기존의 정신과 의사들 같지 않아서 좋다." "가르치려 들지 않아서 좋다." 정신과 의사도 똑같이 부족한 면이 있는 사람이라는, 비슷한 고민을 끌어안고 동시대를 살아가는 사람이라는 것을 알게 되어 괜히 위안이 된다고 말한다.

나도 동의한다. 그동안 정신과 의사들은 자신이 어떤 사람인지, 속마음은 어떤지 철저히 숨겨왔다. 정신과 의사들이 쓴 수많은 책에는, 또 그들이 펼치는 강연에는 타인의 심리에 대한 내용으로 가득 차 있다. 자기 이야기를 털어놓는 경우는 찾아보기 힘들다. 정신과 의사는 필연적으로 자신을 숨기고 드러내지 않아야 하기 때문이다. 정신과 의사가 되는 순간부터 그렇게 배워왔고, 실제로 진료 현장에서 중요한 요소다. 정신과 의사에 관한 정보가 없이 백지 같은 치료 환경이 제공될수록 내담자의 치료에 도움이 된다. 그렇게 배워온 영향 때문인지 나를 포함한 〈뇌부자들〉 멤버들의 개인 SNS 페이지는 모두 휑하다.

하지만 우리는 팟캐스트에서 우리의 솔직한 모습을 조금씩 내보였다. 힘들었던 순간, 치료에 실패한 순간, 공황을 경험한 순간, 아이에게 욱했던 순간. 그런 이야기를 하지 않아도 방송을 만들 수 있었지만, 우리는 그러지 않았다. 정신과 의사들이 자기 모습은 가린 채 마치 모든 인생사에 통달한 현인처럼 가르치는 듯한 모습만 보여 온 것. 그것이 오늘날 정신과의 높은 문턱을 만드는 데 일조했다고 생각하기 때문이다.

나와 우리의 부족함을 솔직하게 드러내는 것, 전문가로서 부담되는 일이다. 부족한 사람이면 안될 것 같다. 하지만 실제의 내 모습이 완벽하지 않다. 나는 아직 채 마흔이 되지 않은, 인생과 사람과 사회에 대해 모르는 것이 많은 한 사람일 뿐이다. 그렇기 때문에 진료실에서 사람들과 대화를 통해, 독서와 공부를 통해, 그리고 〈뇌부자들〉 활동을 통해 부족한 나를 조금씩 발전시켜 나가려 한다. 역시 부족하지만 솔직한 이 책이 스스로가 '부족해서' 못마땅한 사람들에게 작은 위안이 되었으면 좋겠다.

3

상처받은 그 자리에서
다시 시작하기

결국에는
사람

"서로에게 던지는 작은 위로들이
보이지 않는 줄로 작용한다면,
그 줄의 수가 많고 강해진다면"

"이제는 정말 사람을 안 만나려고요."

진료실에 들어온 M씨가 평펑 울기 시작했다. 평소 감정 표현을 크게 하지 않던 분이라 당혹감과 안타까움이 느껴졌다. 한편으론 나도 모르게 얼굴에 쓴웃음이 떠올랐다. 바로 사과한 뒤 M씨의 이야기를 계속 들었다.

M씨가 처음 병원을 찾은 이유는 대인관계에 문제를 느껴서였다. 조금만 지나도 후회할, 잘못된 만남을 반복하던 그는 지난 수십여 회의 상담을 통해 어린 시절부터 축적된 심한 애정 결

꿉이 원인임을 비로소 깨달았다. 그리고 지난번 상담에서 '변화하겠다'고 굳게 다짐해놓고, 예전 모습을 그대로 반복하고 이 자리에 온 것이었다. 자신은 변할 수 없고, 치료를 포기해야 할 것 같다는 그에게 무슨 이야기를 들려줘야 할까.

신형철 평론가의 책《슬픔을 공부하는 슬픔》에는 이런 대목이 나온다.

인간은 직접 체험을 통해서만 가까스로 바뀌는 존재이므로 나를 진정으로 바꾸는 것은 내가 이미 행한 시행착오들뿐이다. 간접 체험으로서의 문학은 다만 나의 실패와 오류와 과오가 어떤 종류의 것이었는지를 '파악'하는 데 도움을 주기는 할 것이다. 그러나 피 흘릴 필요가 없는 배움은, 이 배움 덕분에 내가 달라졌다고 믿게 할 뿐, 나를 실제로 바꾸지 못한다. 안타깝게도 아무리 읽고 써도 피는 흐르지 않는다.

피 흘려 깨달아도 또 시행착오를 되풀이하는 것이 인간이다. 그런 의미에서 인생은 반복들로 이루어진다. 그러므로 점점 더 좋은 사람이 된다는 건 얼마나 어려운 일일까. 그러나 믿을 수밖에. 지금의 나는 10년 전의 나보다 좀 더 좋은 사람이다. 10년 후의 나는 더 좋아질 것이다. 안 그래도 어려운데 믿음조차 없으면 가망 없을 것이다. 문학은 그 믿음의 지원군이다. 피 흘리지 않으면 진정으로 바뀌지 않는다고는 했지만, 거꾸로 말하면, 피 흘리지 않고 인생을 시뮬레이션 할 수 있는 공간이 있으니 얼마나 다행인가.

여기서 '문학'을 '정신과 진료'로 바꾸어도 동일하게 적용된다. 진료를 통해 과거의 실패 원인을 알아챘음에도 또 반복하는 것이 사람이다. 하지만 이 뼈저린 실책은 변화의 밑거름이 된다. M씨에게 이 대목을 빗대어 들려주었다. 그리고 말했다.

"실망한 마음은 이해합니다. 그러나 M씨는 분명히 앞으로 더 좋은 사람이 될 것이며, 지금 이 순간도 그 과정의 일부입니다. 지속되는 상담이 그 믿음의 지원군이 되어줄 겁니다."

이어서 설명했다. 쓴웃음이 나와 버렸던 이유를. "이제는 정말 사람을 안 만나겠다"는 말은 M씨에게뿐 아니라 매우 많은 분께 자주 들어왔다. 알프레트 아들러는 "인간의 고민은 전부 대인관계에 기인한다"고 했다. 그러니 이렇게 계속 힘들고 상처받는 대인관계란 것이 없다면 얼마나 편할까 싶기도 하다. 그러나 사람은 혼자일 수 없다. 혼자인 개미가 없듯, 사자들이 무리지어 살아가듯, 사회적 동물인 사람에겐 어쩔 수 없이 다른 누군가가 필요하다. 그래서인지 그들 중 대다수가, 그 이후 어느 날엔 멋쩍게 웃으며 말하곤 했다.

"새로운 사람을 만나기 시작했어요."

"이번 친구는 정말 괜찮은 것 같아요."

어찌 보면 인생은 롤플레잉 게임 같은 것일지 모른다. 마지막 장면에 도달하기까지 단 한 번의 좌절도 없는 것이 가능할까. 포기하고 싶게 만드는, 유독 어려운 스테이지가 꼭 있는 법이다. 이미 거쳐 간 사람들의 해설집을 참고하며 재도전해도 또 실패한다. 하지만 분명히 이전보다 더 잘했고, 포기하지 않으면 언젠간 뛰어넘는다. 그리고 함께하는 동료가 있다면 더 수월하게 극복한다. 그 동료가 때로는 가족이 되기도, 때로는 친구가 되기도, 그리고 정신과 의사가 되기도 한다.

혼자만의 힘든 싸움을 이어나가는 분들에게, 포기하고 싶다는 분들에게 이렇게 얘기하곤 한다. "사람을 만나기 두렵다"는 지금 이 순간에도 저와 이야기 나누러 오지 않으셨냐고. 처음 만나는 사람에게 자신을 열며 가까워지는, 다시는 가능하지 않을 것이라 여겼던 과정, 이미 여기서 해내지 않으셨냐고.

결국엔 사람이다. 상처 준 것도 사람이지만, 회복 역시 사람을 통해야 가능하고, 더 이상 쉽게 상처받지 않도록 단단해지는 것 역시 사람과의 관계에서 얻는 힘을 통해야 가능하다. 어느 순간부터 상처에 발목이 잡혀 앞으로 나아가지 못하고 있다면, 이 자명한 진실을 잊고 있던 것은 아닌지 되짚어볼 필요가 있다.

＋

어느 일간지에 이 글을 기고한 뒤, 한 분께서 진료실에서 조심스럽게 질문을 던지셨다.

"우연히 신문에서 글을 봤는데, 그거 혹시 제 이야기인 가요?"

정답은 어느 정도는 그렇기도 하고, 아니기도 하다. 비슷한 이야기를 하는 분들이 들려준 여러 사연을, 내 머릿속에서 합쳐 만든 가공의 인물이 주인공이기 때문이다. 사람들의 심리는 신기할 정도로 유사할 때가 많다. 그래서 신경증 환자와 본격적으로 상담한 지 얼마 지나지 않은 시기엔 '사람 마음이 진짜 거기서 거기구나. 별 거 없네!'라는 생각이 들기도 했다. 지금 생각해보면 참 기막힌 일이다. 잠시라고 해도 어떻게 그런 건방진 생각을 했을까? 초보의 얕은 깊이에서 비롯된 자만이란 사실을 금방 알게 된 것이 정말 다행이다. 아무리 유사해보이는 마음도 한

꺼풀 벗기고 들어가면 그 생각과 감정을 유발한 개인만의 독특한 이유가 나온다. 살아온 삶이 모두 다르기에 그분들이 들려주는 속사정도 모두 제각각이다. 그래서 늘 조심스럽고, 궁금함을 잃지 않아야 내가 몰랐던 새로운 마음을 만나게 된다.

이렇게 모두가 다른 마음을 가지고 있기에, 그들이 회복되는 방법에도 차이가 있다. 호전된 이후 우울감을 느끼지 않고 계속 잘 살아가기 위해 새롭게 갖춰야 할 조건 역시 각자 다르다. 하지만 분명히 공통적인 부분 또한 있으니, 100년 전 프로이트부터 오늘날의 대가들까지 여러 사람이 한결같이 말하는 조건이 있다. 그것은 바로 '일'과 '사랑'이다. 그런데 이것을 내 마음대로 굳이 하나로 줄여보자면, 즉 둘 사이의 공통점을 어떻게든 하나 뽑아보자면 결국엔 '사람'이지 않을까? 사회적 동물인 사람에겐, 잘 살기 위해선 어쩔 수 없이 다른 사람이 필요하다.

이성에게 받은 상처 때문에 병원을 찾으시는 분이 예상보다 많다. 연애를 하다가, 결혼 생활을 하다가 받은 상처들. 혹은 어린 시절부터 이성의 부모에게 느껴온 부정적 감정이 성인이 되어서 이성과 맺는 관계에까지 영향을 미치는 경우들이 있다. 그래서 병원에 처음 올 때 특정 성별 치료자를 지정하고 오시는 분도 종종 뵙는다. 가부장적인 아버지 밑에서 괴로웠던 분이 여성 치료자를 선택하고, 숨 막힐 정도로 모든 것을 통제하던 어머니 밑에서 자란 분이 남성 치료자를 선택하기도 한다.

진료실에선 이런 이야기도 꽤 자주 듣는다. 남자는 하나같이 믿을 수 없으며, 그러므로 앞으로도 남자에게 어떤 기대도 하지 않고 접촉을 피할 거라고. 평상시처럼 묵묵히 듣고 있으면서도 무언가 마음이 편치만은 않다. 그 발언이 내 기분을 나쁘게 만들어서는 아니다. 나를 향한 발언이 아니란 것을 아니까. 그저 평소처럼 듣고 있는 것뿐인데 '그럼요! 남자란 믿을 수 없는 놈들이죠'라고 적극 공감하며 편들지 못하는 것이, 마치 내가 치료자이기에 앞서 남자이기 때문인 것으로 느껴질까 괜히 부담이 되기도 한다. 그럴 땐 우선 이야기를 계속 듣는다. 그러다가 정말로 필요하다고 느낄 땐 떠오른 생각을 입 밖으로 꺼내본다.

"그런데 오늘도 남자인 저와 이야기하려고 오셨잖아요?"

"선생님은 그냥 남자가 아니라 치료자잖아요. 여기서 어떻게 이야기를 안 해요."

"제 옆방에는 여자 선생님이 계신데요. 그리고 여기서 조금 떨어진 곳엔 여자 선생님들만 계신 병원도 있고요."

남자에게 다시금 일말의 기대도 하지 않겠다고, 절대 피하겠다고 말하시는 그분은 분명히 동성 치료자를 선택할 수 있음에도 남자인 나를 이야기할 대상으로 선택했다. 왜일까? 아무 생각 없이 내린, 크게 의미를 두지 않은 선택일까? 물론 그럴 수도 있다. 그런데 삶의 모든 영역에 큰 영향을 미치던 남성을 향한 강한 거부감이 누구보다 내밀한 감정을 나눌 치료자를 선택하는 그 중요한 순간에만 잠시 사라졌던 걸까? 그럴 가능성은 매우 낮다. 이는 무의식의 선택이다. 의식의 세계에서는 남성을 강하게 거부하고 있지만, 훨씬 더 크고 강력한 무의식의 세계는 남성과 깊은 대화를 나누어보기로 결정한 것이다. 세상의 절반과 소통하는 일을 포기하기로 마음먹은 것은, 스스로를 지키기 위해 선택한 방안임이 분명하다. 그러나 마음속 깊은 곳에서는 다시 한 번 더 믿어보기로, 도전해보기로 한 것이다. 서로 이해하고 이해받으며 연결되기 원하는 것이 사람의 본질이기 때문이다. 그리고 그 본질을 향한 열망은 아무리 열심히 스스로 부정하려 해도 막을 수 없다.

꿑

사람은 분명히 다른 사람들과 연결되어 있다. 그 연결이 끊어지고 약해질 때 사람은 우울해지고 불안해진다. 세상은 역시 믿을 만한 곳이 아니며, 그러므로 더 이상 살 필요도 없다고 느끼게 된다. 그래서 죽음을 떠올리고 계획하며, 어떤 이는 결국 그 계획을 실행에 옮긴다. 그리고 나는 직업 특성상 이러한 이야기들을 자주 듣는다. 너무도 다행히 죽음의 문턱에서 돌아온 분들과 대화를 한다. 그리고 그때마다 반드시 묻는다. 어떻게 그 선을 넘어가지 않았는지. 그들이 마지막 순간에 그동안 보이지 않던 삶의 희망을 발견했기에 돌아온 것은 아니다. 그런 대답을 들은 적은 없다. 많이 듣는 솔직한 대답은 "무서워서"다. 부끄러워하며 이야기하지만, 절대 부끄러울 일이 아니다. 세상에 죽음을 두려워하지 않는 사람이 어디 있겠는가.

그만큼 자주 듣는 대답은 "누군가와 마음속으로 이어진 끈 때문에 멈출 수 있었다"는 말이다. 그래도 날 걱정하고 생각해주는, 내가 없어졌을 때 마음 아파할 누군가가 떠올라서 더 살아보기로 결정했다는 말.

살아간다는 건 분명히 쉽지 않은 일이다. 예상치 못한 풍랑이 닥쳐오고 각종 암초가 도사리고 있다. 외환위기, 세계금융위기, 최근 코로나 사태까지. 인생이란 배가 언제 격침할지 모른다. 실제로 많은 이가 떠내려갔고, 지금 이 순간에도 떠내려가고 있다. 그들을 최대한 구할 수 있는 사회적 안전망이 필요하다.

물질적인 안전망뿐 아니라 심리적으로 붙잡아줄 안전망도 필요하다. 사회적으로 시스템을 구축하는 것은 기본 중의 기본이다. 그러나 그것만으로는 충분치 않다. 분명히 필요한 것은 사람 사이의 힘이다. 우리가 서로에게 던지는 작은 위로들이 보이지 않는 줄로 작용한다면, 그 줄의 수가 많고 강해진다면, 세상은 풍파 속에서도 조금 더 안전한 곳, 살 만한 곳이 될 것이다. 그 줄의 힘을 경험한 사람들의 증언을 매일같이 듣기에, 나는 그 힘을 믿는다.

생과 사의 경계선에서, 정말 한 발짝 더 나가면 돌아오지 못할 그 순간에 나와 연락이 닿았던 분들도 있다. 수십, 수백 알의 약을 한 번에 복용한 상태에서, 번개탄을 피운 상태에서, 건물 옥상 난간에 걸터앉은 상태에서. "전 정신과 의사인데요…"라며 경찰관과 소방관에게 다급하게 내 소개를 하게 되는 경우도 있었다. 그리고 항상 그런 것은 아니지만, 신기하게 그들 중 몇 명은 그 사건 이후로 눈에 띄는 호전을 보였다.

왜일까? 분명 얼마 전까지 가장 힘든 시간을 보냈는데 왜 호전된 걸까? 그냥 바닥을 치니 올라올 때가 된 건가? 아니면 감기에 비타민을 과량 복용하면 금세 호전된다는 이론처럼, 혹시나 항우울제를 과량 복용한 것이 예상치 못한 치료 효과를 가져

다준 건가? 이런 생각에 보고된 사례들이 있는지 검색해보기도 했다. 물론 그런 사례는 찾을 수 없었다.

이후 그들과 나눈 이야기를 바탕으로 내가 내린 결론은 이렇다. 죽음의 목전에서 타인의 손에 이끌려 삶으로 돌아온 그 강렬한 경험은 그들에게 몇 가지 깊은 영향을 미친다.

첫째로는 그들을 살린 건 다름 아닌 그 자신이라는 깨달음이다. "선생님이 절 살렸어요"라는 말을 하는 분도 많았지만, 사실 그들이 죽음에 한 발 걸친 상태에서 돌아올 수 있었던 원동력은 그 자신에게 있다. 돌아온 뒤에 그들은 비로소 인정했다. 너무나도 죽고 싶지만, 살고 싶은 마음이 더 컸다는 그 사실을 말이다.

둘째로는 자기 자신이 타인과 꽤 강하게 연결되어 있다는 믿음이다. 아무도 없는 것 같았지만, 자신을 걱정하는 누군가가 있다는 실질적인 경험. 그걸 경험한 후에는 세상이 조금 더 살 만한 곳으로 보이게 된다.

오늘도 삶의 격류 속에 떠내려가고 있는, 내게 이어진 줄이 거의 없다고 느끼며 그나마 있는 모든 줄을 놓아버리고 싶어 하는 분을 여럿 만났다. 더 이상 아무도 믿지 않는다, 살고 싶지 않다고 말한다. 하지만 난 그들 마음속에 분명히 존재할, 살고 싶은 마음을, 사람에 대한 희망을 믿는다.

누군가 다시 한 번 자신에게 줄을 던져주길 바라는 마음을 안고 나를 찾아왔다 믿기에, 나는 오늘도 그렇게 했다. 지금 너무 힘들지만 나아질 수 있다, 그러니 살아보자는 말을 건넸다. 앞으로의 힘든 시기를 같이 잘 버티고 이겨 나가자는 말도 덧붙였다. 당장 그를 집어 삼키려는 물살에 비해서는 너무 약한 줄일 것이다. 하지만 적어도 다음에 우리가 만나기로 약속한 날까지 유지되기를, 만남이 반복될수록 연결도 탄탄해져 그가 살아나가는 데 버틸 힘이 되기를 기도한다.

다시 만나기 위한
용기

"나에겐 내 장미 한 송이가 너희 전부보다
훨씬 소중해. 왜냐하면 내가 매일같이
물을 주었거든"

내가 유일하게 추천사를 쓴 책이 있다. 《병의 맛》이라는,
이름부터 범상치 않은 만화책이다. 정신과 의사와 만화책, 뭔가
안 어울리는 조합 같다. 추천사 내용은 이렇다.

사람은 왜 계속 사람을 찾을까? 새로운 누군가와 가까워지기
위해선 참 많은 에너지가 든다. 예상치 못한 상처를 받기도 하
고. 그럼에도 다가가는 것은, 결국 누군가가 함께하는 것이 나
를 더 편안하게 해주기 때문이다. 혼자일 때 불안해지는 것은

피할 수 없는 인간의 특성이다. 그렇기에 우리는 누군가를 계속해서 찾는다. 사람에게 받은 상처로 혼자가 되어도, 결국 해답은 또 사람에 있다. 우울, 불안, 그리고 공황. 모든 정신 질환의 근원적인 치료제는 결국 사람이다.

상처를 지닌 채 진료실에 온 분들에게 이 간단한 진실, 그분들도 원래 알고 있던 진실을 다시 납득시키는 것은 매우 어려운 과정이다. 이 만화 《병의 맛》에는 진료실에서 오랜 시간에 걸쳐 전하는 메시지가 완벽하게 녹아 있다. 이준이와 순이, 상처 입은 둘이 서로에게 기댈 존재가 되어가는 풋풋한 모습은 독자의 마음을 따뜻하게 만든다. 누군가를 그리며 다가가고 싶게 만든다. 병원 대기실에 있는 심리 서적들을 치우고 이 책을 놔둬야겠다.

아마 추천사가 너무 길었나 보다. 그래서인지 가장 자극적인 마지막 문장만 책 표지에 들어갔다. 실제로 병원 대기실에 이 책을 들여놓았다. 혹시라도 이 만화가 사람에게 상처받아 혼자라 느끼는 누군가의 마음 깊숙이 숨어 있을 '사람을 향한 그리움'과 '용기'를 자극하기를 바라는 마음에.

'결국엔 사람이 답이다'라는 주제를 띤 만화는 정말 많고 많다. 하지만 이 만화는 분명히 다르다. 무언가 특별했다. 만화의 어떤 부분이 '내 환자들에게 보여주고 싶다'는 생각을 들게 했을까? 내가 느낀 이 만화의 정수는 두 가지다. 첫째는, 힘들어하는 나를 구원해줄 깊은 관계란 좀처럼 쉽게 생기지 않는다는 뼈아픈 현실을 정확히 포착한 점. 다음으로는 이미 사람이 두려워진 누군가가 그런 깊은 관계를 새로 만들려면 '진정한 용기'를 내야 한다는 것을 잘 그려낸 점이다.

알프레트 아들러는 "용기만 있다면 지금 이 순간부터 바로 인생이 달라질 수 있다"라고 말했다. 삶을 어떻게 바꿔야 할지 모르겠고, 내 삶이 과연 바뀔 수 있을지 걱정하는 사람에게 한 줄기 빛 같은 말이지만, 동시에 의구심을 자아내는 말이기도 하다. 왜냐하면 우리 모두는 용기를 내도 삶이 바뀌지 않는 경험을 수없이 했기 때문이다. 그런데 이 만화는, '중요한 것은 용기의 수준'이라는 사실을 알려준다.

만화의 남주인공 변이준은 학교 폭력 피해자다. 실제 내 진료실에서도 학교 폭력을 겪은 분을 자주 뵙는다. 소아 정신과 전문의가 아니기에 내가 듣는 다양한 학교 폭력 사건은 모두 수년 혹은 십 수 년 이상 지난 과거의 일들이다. 하지만 그 먼 과거의 폭력이 남긴 흉터는 성인이 된 피해자의 삶에 여전히 큰 영향을 미친다. 머릿속에 계속해서 반복되는 악몽 같은 기억들은 자존감에 지속적인 상처를 주며, 타인과 세상을 믿을 수 없는 곳으로 바라보게 만들어 대인관계와 일상생활을 제한한다. 아예 집 밖에 나가지 못하는 생활을 몇 년째 지속하는 경우도 흔하다. 그분들이 그런 삶을 원했겠는가. 다른 사람과 어울리고 싶지 않겠는가. 하지만 공포가 그리움을 완전히 압도한 상황은 좀처럼 바뀌지 않는다.

변이준 역시 그러하다. 사람에게 받은 상처로 마음을 열지 못하며 지낸다. 적극적으로 혼자만의 시간을 보내던 그의 눈에 어느 날, 순이가 들어온다. 다시 사람을 믿는 일에는 굉장한 용기가 필요했기에 공포와 그리움을 저울질하며 마음속으로 갈등하지만, 결국 이준은 다시 도전하기로 결심한다. 그리고 진정한 친구가 되고 싶은 순이를 지키기 위해 자신의 트라우마를 만들어낸 마왕에게 달려든다. 말 그대로 목숨을 건 용기를 낸다.

여러 사람에게 듣지만 특히 상처가 깊은 이에게 더 자주 듣는 이야기가 있다. 누군가에게 크게 실망했다는 이야기. 이는 일차적으로 그분들이 과거에 워낙 큰 상처를 받았기에 그런 상황을 다시 겪는 것에 민감하기 때문이기도 하지만, 이차적으로는 상처주지 않는 대인관계를 꿈꾸고 있기 때문이다. 다소 과장

된 표현일지 몰라도 '백마 탄 왕자' 같은 누군가를 기다리고 있다고 느껴질 때가 잦다. 굳이 먼저 말하지 않아도 내 속마음과 아픔을 알아주고, 모두 이해해주며, 다 받아줄 그런 사람. 과거에 상처 준 이들의 모습은 하나도 보이지 않는 사람. 소설책이나 드라마 속에서는 자주 등장하는, 그래서 내게도 있어야 할 것 같지만, 실제 현실에서는 어디서도 찾아보기 힘든 그런 사람. 상처가 깊은 사람일수록 이런 비현실적 대상을 꿈꾸고, 그렇기 때문에 일상에서 만나는 타인의 현실적인 모습에서 계속 상처받는다.

꼭

사람에게 받은 과거의 상처 때문에 사람을 못 믿는 20대 중반의 여성 L씨의 이야기다. 그의 불신은 뿌리가 깊었다. 최근 만나던 남자친구에게 느끼는 불안감에서 시작된 이야기는 그 이전에 큰 상처를 주었던 남성 이야기로 이어졌고, 그보다 한참 전의 학창 시절 상처로 연결되더니, 최종적으로는 부모님에게서 받은 상처들까지 드러냈다. L씨가 타인을 쉽게 믿을 수 없는 것은 어찌 보면 당연하다. 그는 나 역시도 믿지 못했다. 도와주고 싫다는 나를 믿기 힘들다는 표현도 수차례 했다. 그런데 잘 살펴보니, 과거부터 현재까지 L씨의 삶에 상처 준 사람만 있었던 것은 아니었다. 분명히 호의를 가지고 다가온 사람도 있었다. 내가 느끼기엔 참 신기할 정도로 착한 사람도 있었다. 그런데 그는 그 친절을 받지 못했다. 매번 관계를 먼저 끊어냈고, 자신에게 좋은 사람이 없음을 한탄했다.

어느 날 L씨와 진료실에서 나누었던 이야기다.

"그 친구와의 관계는 마음속에서 완전히 접었어요. 더 이상 만나지 않으려고요."

어떤 일이 있었는지 물어보았다. 만나자는 L씨의 연락에, 친구는 가능 여부를 명확히 대답하지 않은 채 다른 이야기를 꺼냈다고 한다. L씨는 친구의 그 반응을 자신과 만나기 싫은 것을 돌려서 표현한 것이라고 판단했다. 그리고 그 친구가 솔직하지 않은 사람이라는 사실을 이제는 알게 되었으며, 그렇다면 지금까지 날 대해온 모습에도 내가 몰랐던 거짓이 많았을 것이므로 앞으로 더 이상 만나지 않겠다고 신속히 결론 내렸다.

더 자세히 물어보았다. 이전 둘 사이는 어땠는지.

"보통 그 친구가 매번 먼저 연락해서 만나자고 이야기하는 편이었어요."

"그래요? L씨는 매번 본인이 먼저 만나자고 연락하는 친구가 몇이나 있어요?"

"한두 명? 그런데 그 사람들은 제가 진짜 좋아하는, 소중하게 생각하는 사람들이에요."

"그러면 오늘 말한 그 친구 역시 L씨를 아주 좋아하지 않을까요? 그렇지 않고서 매번 에너지를 들여서 연락해올 필요가 없잖아요?"

이야기는 더 진행되어 그 친구가 말을 둘러댄 여러 가능한 이유를 함께 살펴보는 것으로 이어졌다. 다른 이야기로 은근슬쩍 돌린 것은, 혹시 만나자는 날 이미 잡힌 다른 약속이 있어 거절받는 상황에 예민한 L씨를 배려한 행동은 아니었을까? 아니면, 안 그래도 할 얘기가 있어 연락하려던 차였는데 전화를 받고는 그 이야기부터 불쑥 꺼낸 것은 아닐까? 그분을 내가 직접 뵙지 않았으니 정답은 알 수 없다. 하지만 확실한 것은, L씨가 단언한 한 가지 답 외에도 여러 가능성이 존재한다는 점이다. 그런데도 L씨는 여러 가지 가능성 중 부정적인 선택지만 확신을 가지고 골라내어 관계를 끝내려 했다.

"이렇게 부정적 가능성만을 선택해서 단정 짓고 끝내버리기엔 여태까지 잘 지내온 그 관계가 너무 아깝지 않아요? 분명히 좋은 친구였잖아요. 솔직히 말하자면, 이러다 L씨 주변에 누가 남을까 걱정돼요."

"그래서인지 이미 거의 남지 않은 것 같아요. 전 앞으로 계속 혼자일 것 같고요."

L씨는 분명히 사람을 그리워했다. 자주 외로움을 호소했고, 진정한 친구가 있으면 좋겠다고 말했다. 그런데 왜 과거에도 그렇고 이번에도 자신을 좋아하는 것이 명백한 친구와의 관계를 스스로 끊어버렸을까? 역설적이지만, 그것은 L씨의 마음이 스스로를 지키기 위해 선택한 방식이다. 과거의 상처가 너무 뼈아팠기 때문에 조금이라도 위험한 낌새가 보이면 빠르게 관계를 정리해야만 하는 것이다. 그 사람이 거짓된 사람이 아닐 가능성이 더 높다는 것은 L씨 역시 분명히 안다. 왜 모르겠는가. 하지만 다시 상처받지 않기 위해 가장 안전한 길을 선택하는 것이다. 참마음 아프고 외로운 길을. 유명 가요의 가사처럼 '상처받는 것보다 혼자를 택한 것'이다.

계속 반복되는, 벗어날 길 없어 보이는 이 굴레를 벗기 위해서 필요한 것은 단 한 가지다. 아들러가 이야기하고 변이준이 보여준 용기. 다시 사람을 신뢰하고 다가설 용기. 그리고 그 와중에 필연적으로 생길 상처를 견뎌낼 용기. 모든 대인관계에는 한계가 있다. 처음부터 완벽할 수 없다. 아니, 처음부터 완벽하지 못한 것은 당연하고, 끝까지 완벽할 수 없다.

÷

생텍쥐페리의 《어린 왕자》는 우리에게 대인관계가 지닌 한계점을 어떻게 받아들여야 하는지 알려준다. 정신과 의사가 된 후 다시 읽은 어린 왕자는 놀라움 그 자체였다. 세상에, 이렇게 중요한 메시지가 이토록 많이 들어 있었다니.

주인공 어린 왕자는 아주 작은 별에서 장미꽃 한 송이와 둘이서 지냈다. 어린 왕자는 유일한 친구인 장미를 사랑하고 아끼면서도 불평 많고 허영심에 가득 찬 장미의 모습에 점점 지쳐갔다. 그리고 장미를 떠났다. 자신의 별을 떠나온 어린 왕자는 지구에서 장미꽃들이 만발한 정원을 보게 된다. 이럴 수가. 분명히 우주를 통틀어 장미는 단 한 송이라고 생각했는데! 그 상황에 어린 왕자는 이런 반응을 보인다.

"세상에 단 하나뿐인 장미를 가져서 세상을 다 가진 것 같았는데, 그냥 평범한 장미였구나. 그냥 평범한 장미와 내 무릎만큼 오는 화산 세 개, 그중 하나는 영원히 활동을 못하는 휴화산

이고. 그런 걸로는 훌륭한 왕자가 될 수 없어." 풀숲에 누운 채로 어린 왕자는 잠시 울었다.

비현실적인 소설 속 상황이지만, 현실 속 우리 심리를 그대로 보여준다. 타인에게는 그토록 많아 보이는 이상적인 친구는, 유독 나에겐 없다. 내 곁에 있는 누군가에게서는 왜 그리도 모자란 점만 보이는지. 부족한 친구를 둔 나 역시 부족해보인다. 서로에게 맞춰가며 발전시키는 어려운 길보다는, 상대방을 탓하며 관계를 정리하는 쪽을 더 자주 택한다.

그때 나타난 여우는 어린 왕자에게 중요한 삶의 진리를 일깨운다.

"우리는 자기가 길들인 것만 진정으로 알 수 있어. 사람들에겐 무언가를 알아갈 시간이 없어. 그들은 상점에서 다 만들어진 물건을 사거든. 그런데 친구를 파는 상점은 없으니까 친구를 못 사귀는 거야. 친구를 만들고 싶다면 날 길들여줘."

"길들이려면 어떻게 해야 하는데?"

"인내심이 필요해."

이내 여우와 서로를 길들인 어린 왕자는 지구를 떠나기 전 장미꽃들에게 이렇게 말한다.

"너희는 내 장미와 전혀 닮지 않았어. 아직 내게 아무것도 아니거든. 아무도 너희를 길들이지 않았고, 너희도 다른 누구를 길들이지 않았거든. (…) 물론 지나가는 행인에겐 내 장미와 너희가 똑같아 보이겠지. 그렇지만 나에겐 내 장미 한 송이가 너희 전부보다 훨씬 소중해. 왜냐하면 내가 매일같이 물을 주었거든."

어린 왕자의 이 깨달음을 공고히 하기 위해, 그리고 아마도 아직까지 깨달음을 얻지 못했을 독자들을 향해, 여우는 헤어지기 전 잊지 말라고 강조하며 아무도 모르는 비밀을 알려준다.

"네 장미가 중요한 존재가 된 건, 네가 장미에게 들인 시간 때문이야."

위에도 말했듯 처음부터 완벽한 관계는 없다. 다만 완벽하지 않아도 어쨌든 좋은 친구라면 서로를 길들여갈 만한 가치가 있으며, 그 과정에는 인내심이 필요하다. 그리고 서로에게 들인 시간이, 그 시간에서 느낀 희로애락의 감정이 서로를 더 특별한 사이로 만들어준다.

✢

어린 왕자의 여우 이야기를 읽다 보면 지금은 세상에 없는 내 인생의 첫 반려견 토토가 생각난다. 고3 진학을 코앞에 둔 어느 겨울날, 외출에서 돌아온 형이 친구 집에서 받았다며 코트 주머니에서 작은 강아지를 꺼냈다. 처음 반려견을 키운 것이라 모든 면에서 서툴렀다. 확실한 서열관계를 만들지 못했는지 토토는 날 친구처럼 대했다. 덕분에 내 몸엔 아직까지도 남아 있는 흉터들이 몇 있다. 아침에 눈 떴을 때 새로 산 핸드폰의 안테나를 이쑤시개처럼 물고 날 바라보던 모습도 잊을 수 없다. 첫 과외비를 털어 구매한 25만 원짜리 폰은 38만 원의 수리 견적서를 받고 그대로 수명을 다했다. 같이 지낸 시간이 길지 않던 때, 밤중에 문을 열고 들어와 숨겨왔던 늑대의 정체를 드러내고 나를 물어뜯으려는 꿈을 꾸기도 했었다. (참 부끄러운 꿈이지만 핑계를 대자면 토토는 실제로 늑대처럼 생겼고 닫힌 방문들을 열고 다녔다.) 어릴 때부터 바라던 반려견이 생겼다는 사실이 너무 기쁘고 반가우면서도, 동시에 익숙하지 않은 생명체와 같이 산다는 것에 무의식은 불안을 느꼈나 보다. 아무튼 그렇게 우리는 같은 시공간 속에서 서로를 길들였다. 온순하고 사회성 좋은 다른 집 강아지가 순간순간 부러울 때도 있었지만, 15년간 토토는 내게 유일하고 가장 가까운 존재였다. 꽃밭의 수많은 장미와 비교할 수 없이 특별했던 어린 왕자의 단점 많은 장미 한 송이처럼.

이런 길들이기의 시간은 이후 내가 새롭게 만난 가장 가까운 사람과의 관계에서도 반복되었다. 아내와의 관계도, 아이들과의 관계도 똑같았다. 처음부터 완벽할 수는 없었다. 태어난 그 순간부터 마법처럼 아기에게 사로잡혔다는 말들을 들었지만, 내겐 아이들과 가까워지는 데 시간과 노력이 필요했다. 둘째가 첫째만큼 예쁘게 느껴지지 않을 땐 내게 문제가 있나 싶었다. 그게 아니라면 형에 비해 민감하고 손이 많이 가는 둘째의 기질적 요인 때문인가 싶기도 했다. 그것도 아니라면 설마 나와 똑같이 생긴 첫째와는 다른 둘째의 생김새가 영향을 끼친 건가 싶었다. 하지만 모두 아니었다. 단순히 서로를 길들이는 시간이 필요했을 뿐이라는 사실을 점점 깨달아갔다. 형과는 다른 방식으로 아빠를 대하는 둘째에게 나는 길들여졌다. 물론 지금도 길들여지고 있다.

　　가족관계도 이렇게 처음부터 완벽할 수 없는데, 만나자마자 내 모든 것을 알고 이해해주는 '백마 탄 왕자' 같은 대상은 원래 없다. 있을 수 없다. 진료실에서도 똑같다. 나는 처음부터 마지막까지 누구에게도 완벽한 치료자일 수 없다. 만난 순간부터 특별한 내담자라는 존재 또한 없다. 함께하는 시간이 점점 길어지며 나눈 생각과 감정이 쌓여갈수록, 서로를 길들이는 과정을 통해 내담자와 나는 서로에게 특별한 존재가 되어 간다. 그 사람의 눈물 한 방울, 웃음이 다른 사람의 그것과는 비교할 수 없는 특별한 의미를 띠게 된다.

가정과 진료실을 벗어난 바깥세상에서도 똑같다. 나를 위해 준비된 처음부터 완벽한 맞춤 친구는 존재하지 않는다. 내가 말하지 않아도 내 속마음을 알고 따뜻하게 대해줄 사람은 없다. 내가 말하지 않는다면, 내 마음을 보여주지 않는다면 상대방이 어떻게 날 이해하고 서로의 심리적 거리를 좁혀 나갈 수 있을까? 서로를 길들이려는 꾸준한 시도와 노력. 나의 약함을 인정하고 보여주고, 너의 약점에도 결국은 네가 좋은 사람이니 가까워지고 싶다고 표현하는 것. 당연히 어렵지만 그걸 실행에 옮길 수 있는 용기. 그게 사람으로 상처받아 진료실에 오시는 분들에게 가장 필요한 한 가지일 것이다.

스스로의 생각보다
강한 당신

"정신과에 와서 상담 치료를 하는 일에는
분명 용기가 필요하다"

앞서 강조한 '용기'가 혹시 과거의 상처로 지금까지 누군가와 가까워지지 못하고 힘들어하는 분들에게 '여태까지 당신이 용기를 내지 못했기 때문'이라는 비난으로 받아들여질까 노파심이 든다. 그러나 내가 정말 하고 싶은 말은 따로 있다. L씨를 포함해 내가 진료실에서 만난 모든 사람은 매우 용기 있는 사람이라는 말. 강한 용기가 필요한 과정을 자신이 이미 한 차례 해냈다는 사실을 알아채지 못하고 있을 뿐이다.

40년째 세계적 베스트셀러인 《아직도 가야 할 길》의 저자

스캇 펙은 이렇게 이야기한다.

> 심리치료를 시작하는 것보다 더 비본능적인 행위는 없고 그래
> 서 이보다 더 인간적인 행동도 있을 수 없다. 왜냐하면 타인의
> 가장 날카로운 도전을 받기 위해 일부러 마음을 개방하고 정
> 밀한 조사와 판단을 받기 위해 타인에게 돈까지 지불하기 때
> 문이다. (…) 심리치료를 시작하는 것은 가장 용감한 행동이
> 다. 사람들이 심리치료를 받지 않는 가장 큰 이유는 돈이 없어
> 서가 아니라 용기가 없어서이다. (…) 정신과 환자들은 통상
> 적인 이미지와는 달리 치료를 받으러 올 때부터 다른 사람들
> 보다 근본적으로 강하고 건강하다. 치료받을 용기를 지녔기
> 때문이다.

이전까지 본 적 없던 사람에게 자신의 상처를 털어놓으며
가까워지는, 큰 용기를 내야만 가능했던 과정. 이미 이 조그만
방에서 해내지 않았는가. '이러다가 또 상처받을 수 있어', '치료
자라고 다를 거 없어. 믿으면 안 돼, 빨리 도망가'라는 내면의 목
소리를 힘겹게 물리치며 지금 여기까지 오지 않았는가. 내가 만
났던, 나를 만나러 스스로 찾아온 사람들. 그들은 모두 안타깝게

입은 상처가 있을 뿐 강하고 건강하다.

✢

　20대 초반의 여성 J씨는 참 능력 많고 매력적인 사람이다.
그런데 그는 젊은 나이가 무색할 정도로 잦은 상처를 받아왔다.
그 기억이 너무나 아파 입 밖으로 잘 꺼내지 못했고, 조금이라도
연관이 있는 이야기가 나오는 것을 힘들어 했다. 그래서 J씨는
'중요한 순간 갑자기 말 돌리기'라는 자기만의 무기를 상담 중에
자주 사용했다. 이야기가 점차 깊어지며 분명히 자연스럽게 힘
든 감정과 기억이 흘러나올 순간, 다른 분들 같으면 눈물과 함께
이야기가 터져나올 그 순간, 갑자기 씩 웃으면서 이런 말을 던지
곤 했다.

　"그런데 선생님 오늘 헤어스타일이 평소와 좀 다르네요?
어디 가요?"

　그래도 시간이 쌓이며 조금씩 속마음이 흘러나오기 시작
했다. 겨우겨우 이야기를 꺼낸 이후 한 주간 힘든 시간을 보냈
고, 그 다음 상담에 와서는 오늘 정말 오기 싫었다는 말을 꼭 꺼
내는 일이 반복됐다. 하지만 그러면서도 계속 찾아왔다. 스스로

요청해 상담 빈도를 주 2회로 늘리기도 했다. 그리고 J씨는 자연스레 회복되어 갔다.

어느 날 J씨가 갑자기 이런 이야기를 꺼냈다.

"저는 저를 강한 사람이라고 생각해요. 제가 지금은 괜찮아진 편이지만, 사실 그 이야기 처음 꺼낼 땐 정말 많이 힘들었거든요. 그렇게 힘들었지만, 어쨌든 제가 여기 와서 스스로 그 이야기를 했기 때문에 나아지지 않았나 생각해요. 그런데 어머니는 생각이 달라요. 어머니 보시기에도 제가 많이 좋아졌나 봐요. 그런데 상담에 의존했다는 것, 지금도 상담을 받으러 간다는 것을 두고 저더러 약하다고 말하시더라고요. 선생님 생각은 어때요?"

솔직하게 대답했다. 취약하다 느껴지는 부분도 일부 있지만, 그건 J씨가 약한 사람이어서가 아니라 상처가 낫지 않아서일 뿐이라고. 그리고 지금 꺼낸 이야기와 놀랍도록 겹치는, 《아직도 가야 할 길》에 나오는 앞서의 문장들을 소개해주었다. 나 역시 J씨가 강한 사람이라고 생각한다는 말도 덧붙였다.

그때부터 본격적으로 이야기를 시작한, J씨와 어머니의 관계는 독특했다. J씨는 어머니를 가장 친한 친구로 인식했다. 동시에 마음 깊은 곳에서는 어머니에게 반감을 느끼고 있었다. 어머니를 좋아하는 감정은 진심이었기에, 그 반감을 스스로 받아들이기 힘들었다. J씨의 성장과정에서 어머니는 분명 자기 인생을 희생하고 양보해가면서 딸에게 많은 것을 주었다. 딸이 다양한 능력을 지닌 사람으로 자라나도록 어릴 때부터 끊임없는 지원도 아끼지 않았다. 대부분 물질적인 지원이었다는 점이 안타깝긴 하지만, 그것은 분명 딸에게 사랑을 표현하는 어머니 나름의 방식이었을 것이다. 지나간 과거는 차치하고, 현재에 문제가 있었다. 진료실을 찾아온 다른 많은 분의 부모님처럼, J씨의 어머니 역시 딸과의 관계가 과거 상태에 그대로 머무르기를 바라고 있었다. 성인이 된 딸의 인생을 자신이 계속 통제하기 바라고 있었다. 그래서였을까? 어머니는 지속적으로 J씨에게 '넌 약해'라는 메시지를 주입했다. 말로, 그리고 행동으로. 어릴 때부터 과도하게 통제받은 아이는 스스로 강하다는 사실을 인식할 기회를 빼앗긴다. 그들은 부모가 만든 사슬을 끊을 생각조차 하지 못하고 '난 약해'라고 느끼며 살아가게 된다.

J씨가 내게 털어놓은 과거 상처들은 모두 나쁜 상대에게 받은 것이었다. 분명 그랬다. 그런데 왜 J씨에겐 계속 나쁜 사람이 찾아왔을까? 그는 왜 어린 나이에 일반적인 경우보다 더 많은 상처를 겪어야만 했을까? 이는 매우 안타깝게도 J씨가 스스

로를 약한 사람이라고 느꼈기 때문이기도 했다. 약한 존재이기 때문에 나쁜 상대방들을 쳐내지 못했던 것이다.

이러한 이야기를 나눠야 하는 상황엔 '피해자인 네가 약했던 탓이야'라고 들리게 될까 봐 매우 조심스럽다. 하지만 J씨에겐 이런 이야기를 건넬 필요가 없었다. J씨는 과거를 되짚어보는 도중 스스로 자신의 심리를 파악했고, 그와 동시에 지금은 그때와 달리 강한 사람이라는 사실 또한 깨달았다. J씨는 과거의 상처에 더 이상 붙잡히지 않았고, 급속히 호전되어 갔다. 그리고 새롭게 만나는 사람들과는 이전과 다르게 균형 잡힌 관계를 유지할 수 있었다. 과거에 어떤 일이 있었든, 주변 환경이 어떻게 괴롭히든, 강한 사람이니까.

정신과에 와서 상담 치료를 하는 일에는 분명 '용기'가 필요하다. 다른 사람을 탓하며 넘어가는 쉬운 길 대신, 나와 타인의 마음에 의문을 품고 좀 더 나아지기 위한 어려운 길을 선택하는 일이기 때문이다. 그리고 그분들 못지않게 이 글을 읽는 당신역시 분명 용기 있는 사람이다. 내 마음이 왜 이런지, 다른 사람은 왜 그러는지 궁금하고 답답한 마음에 상담을 받거나 책을 읽고 있는, 그럼에도 아직 혼자라 느끼는 분에게 하고 싶은 말이 있다. 당신은 스스로 생각하는 것보다 강한 사람이다. 과거 복습과 예행연습 또한 충분히 했다. 과거의 상처가 어떻든 간에 당신은 이겨낼 것이다. 누군가를 다시 만나는 일, 당신이 시작 버튼을 누르는 것만 남았다.

그래도 혼자 있고 싶은
당신에게

"정신치료를 하는 의사는,
관계를 피하기 위해 쌓은 마음의 장벽을
낮춰주는 사람이다"

　사람에게 상처받아 진료실에 오신 분들과 상담을 길게 하다 보면, 내가 드리는 메시지는 늘 하나로 모아진다. "그럼에도, 결국에는, 사람이 답"이라는 말. 진료실 밖 다른 매체에 글을 쓰거나 출연해서도 '결국에는 사람'이라는 주제로 이야기할 때가 많은데, 그때마다 다양한 답변이 돌아온다. '용기가 필요했는데 마침 이 영상을 만나게 되어 감사하다'라는 반응은 내게 최고의 선물이다. 적어도 이분에겐 확실히 도움이 되었다는 생각에 뿌듯하다. 하지만 당연히 좋은 반응만 있을 수는 없는 법. 헛소리하지 말라고, 사람을 믿는 건 인생을 망치는 지름길이라며 화를 낸다. 차마 글로 옮길 수 없는 험한 표현을 남기는 분도 있다. 처음엔 솔직히 상처받기도 했지만, 이제는 많이 익숙해졌다.

고민해보았다. 그 반응들의 정체는 무엇일까? 내가 너무 어설프게 이야기를 했거나, 반감을 살 만한 다른 요인이 있지는 않았을까? 나 자신에 대한 검토를 끝내고 나면 또 다른 가능성을 생각해본다. 물론 태생적으로 혼자인 것을 좋아하는, 타인과 어울리지 못하는 사람도 있다. 그리고 태어날 땐 그렇지 않았지만 이후 양육 환경과 성장 배경, 살면서 겪은 여러 가지 사건이 맞물려 혼자를 선호하는 성격으로 아예 굳어진 사람도 있다. 하지만 나는 그토록 격렬한 반응을 남긴 사람들이 혼자를 선호하는 경우에 해당한다고는 생각하지 않는다. 그들이 보인 분노의 감정이 내 추측의 근거다.

그들은 분명 이전에 사람에게 큰 상처를 받았을 것이다. 원래는 사람을 깊이 믿었기에 그만큼 분노가 크고 아직까지 해소되지 않은 것이리라. 댓글 창에 남긴 글은 그 분노의 흔적이다. 내 메시지가 과거의 상처를 건드려 다시금 올라온 분노의 흔적. 또한 그 분노는 자기 자신을 향한 것이기도 하다. 자기 마음속에 아직도 사람을 그리워하는 면이 있다는, 무엇보다 인정하기 싫은 사실이 드러난 것에 화가 난 것이다. 내 메시지를 찾아본 것, 혹은 찾아보지 않았더라도 클릭해서 들어본 것 자체가 그 증거임을 스스로 마음속 깊이 느낄 것이다. 정말로 타인에게 관심을 끊었다면 사람의 심리가 궁금할 이유도 없으니 말이다. 심리 콘텐츠 영상이나 라디오를 찾아 접한 뒤 댓글까지 쓸 정도로 정성을 보이는 사람이 절대 혼자인 것을 선호할 리 없다.

꽤 흔하게 볼 수 있는 반응이 하나 더 있다.

'결국은 사람으로 해결해야 한다는 게 무슨 말인지는 알겠지만, 지금 나에겐 버겁고 불가능한 말이다. 너무나 혼자 있고 싶은데, 그러면 안 되나?'

진료실에서도 이와 비슷한 반응을 자주 맞닥뜨린다. 혼자만의 시간을 길게 보낸 뒤에야 회복되었다는 이야기를 여러 사람에게 듣기도 했다. 그래서 처음에는 이분들에게 어떻게 대답을 해야 할지 나 스스로도 혼란스러웠다. "네, 조금 더 그렇게 계셔도 됩니다. 뭐 그러다 보면 좋아지겠죠"라고 말해도 될지, 아니면 "혼자만의 시간이 길어지면 삶에 악영향을 미칠 것이므로 지금 당장이라도 그만두셨으면 합니다"라고 해야 할지.

지금은 종영된 MBC 라디오 프로그램 〈잠 못 드는 이유, 강다솜입니다〉의 사연 상담 코너 '심야상담소'에 고정 패널로 출연한 적이 있었다. 하루는 그 프로그램 회식 자리에 갔는데, 거기서 처음 만난 승용 씨는 내가 여태껏 만난 사람 중 최고의 '인싸'였다. 카피라이터로 일하는 동시에 시와 술을 소개하는 팟 캐스트 〈시시콜콜 시시알콜〉을 운영하며, 동명의 책을 출간하기도 했다. 시와 술의 조합, 느낌이 오지 않는가? 풍류를 즐길 줄 아는 사람이었다.

나는 인싸와는 잘 어울리지 못하는 편이다. 이는 내가 그들에게 어떤 반감이 있어서가 아니라 타고난 기질 탓이다. 변화를 싫어하는 나는 쭉 만나던 사람만 만나려 하고, 항상 가는 음식점에 가서 먹던 메뉴만 시키고, 운동이나 취미 활동도 어릴 때부터 하던 것만 한다. 그렇기에 인싸와 어울릴 기회 없이 살아왔는데, 가끔 가는 방송국에는 그분들이 많이 계셨다.

방송 도중에는 힘들지 않다. 정신과 의사로 출연한 내가 할 말은 정해져 있고 그것을 위해 나왔으니까. 또한 대개 생방송 자리가 아니니 모르는 이야기가 나왔을 때 당황하거나 버벅거

려도 괜찮다. 그런데 시작 전이나 휴식 시간에 대기실에 앉아 있는 시간이 가장 힘들다. 하나같이 모르는 사람들과 같은 공간에 있어야 하는 그 자리가 매우 어렵다. 대체 무슨 말을 해야 하지. 잘 기억도 나지 않지만 초등학생이나 중학생 때 개학 첫날의 느낌이 이랬던 것 같다. 그나마 학교는 며칠 어색하게 지내다 보면 축구를 같이 하는 등 자연스럽게 말을 틀 기회가 있었는데, 지금은 그런 기회도 시간도 없다. 출연진들끼리 SNS에 업로드할 사진을 찍고, 서로 연락처를 주고받기도 하고, 실제로 모임을 가졌다는 이야기를 듣기도 하지만 나는 늘 한 발짝 떨어져 있다. 물론 그들은 하나같이 매력적이다. 그들과 함께 어울리고 싶은 마음도 든다. 그러나 내게는 새로운 만남에 쏟을 여력이 없다. 〈뇌부자들〉 방송 준비하는 데도 항상 시간이 부족하고, 칼럼 글도 투고 기한을 못 지키기 일쑤며, 아이들과 충분히 놀아주지도 못하는 내가 무슨 면목으로 새로운 사람을 만나겠는가. 때문에 다음에 꼭 한번 만나자는 말을 들을 때마다 매번 멋쩍게 웃으며 애매하게 답한다. 그리고 집으로 돌아오는 길에 스스로에게 이야기한다. '휴, 오늘도 힘든 자리였어. 수고했어.'

가끔 하는 방송 출연보다 아주 더 가끔 하는 방송 프로그램 회식자리는 그 어색함을 술로 넘길 수 있기에 그래도 낫다.

그때쯤엔 방학식 날 정도의 느낌이니까. 일정 기간 프로그램을 함께 하며 가까워진 사람들과 이런 저런 이야기를 나눈다. 그리고 승용 씨는 그 술자리에서 모두 취기가 올라 기분이 좋아져 내지른 MT 약속을, 계획까지 세워가며 결국 현실로 만들어낸 '핵인싸'다. 그의 친화력이 어찌나 대단했던지 나 같은 일반인 게스트뿐 아니라 연예인까지 매니저를 대동하고 그 짧은 여행에 동참했다. '와, 승용 씨는 대체 어떻게 이렇게 사람들에게 적극적으로, 동시에 기분 좋게 다가갈 수 있는 거지?' 당연히 그럴 리는 없겠지만 마치 살면서 한 번도 슬픈 일이 없었을 것 같은 밝고 구김 없는 성격, 그게 친화력의 원천 같았다.

그의 친화력 덕분에 MT 이후에도 모임은 지속되었고, 그 인연으로 나는 〈시시콜콜 시시알콜〉에도 출연하게 되었다. 그리고 그때 놀라운 이야기를 들었다. 그가 이전에 사람에게 깊은 상처를 받고 환멸을 느껴 몇 달간 아무도 만나지 않고 집에서만 지낸 적이 있다는 말이었다. 역시 사람은 겉모습으로 속마음을 평가해서는 안 되며, 특히 지금 모습을 바탕으로 과거까지 함부로 재단해서는 안 된다는 사실을 또다시 확인했다. 나는 그가 그 힘든 시기를 어떻게 극복해냈는지 궁금했다. '잃어버린 신뢰를 회복시켜줄 만한 사람이 나타났나? 그게 아니라면 상처를 준 사람

과 오해가 풀렸나?'

"그냥 정말 아무도 만나지 않고 계속 혼자 있다 보니까, 다시 사람이 만나고 싶더라고요. 그렇게 자연스럽게 해결되었네요."

그의 회복에 가장 큰 영향을 미친 것은 스스로의 깨달음이나 다른 누군가가 아닌 '적극적인 혼자만의 시간'이었다.

÷

책을 쓴 정신과 의사는 참 많다. 그중 김혜남 선생님은 첫 손에 꼽힐 베스트셀러 작가다. 정신과 전문의 겸 대형 베스트셀러를 여러 권 쓴 작가. 이 프로필만 받아 들었을 때 사람들 머릿속엔 어떤 이미지가 떠오를까? 성공의 밝은 면만 있을 것 같은 선생님 인생에 현대 의학이 완벽히 정복하지 못한 무시무시한 질병, 파킨슨병이 찾아왔다. 정신과 의사에게는 파킨슨병이 더욱 무서울 수밖에 없다. 파킨슨병 하면 대부분 신체가 굳어가는 증상을 떠올리겠지만, 병이 장기화될수록 높은 확률로 치매가 뒤따른다. 치매 역시 정신과에서 진료하는 질병이다. 얼마나 무서운 질병인지 자주 목격하며, 옆에서 병의 진행을 바라보는 것만으로도 마음이 무거워진다. 파킨슨병을 진단받았을 때, 또 병이 점차 진행되는 것을 느꼈을 때 선생님의 마음은 어땠을까.

　　성공가도를 달리다가 언젠가 찾아올지도 모를 치매에 대한 불안감을 안고, 조금씩 몸이 굳어가며 생기는 변화들을 바라볼 때의 느낌. 곁에 있던 사람은 하나둘 떠나가고 더 이상 아무도 나를 찾지 않을 때의 공허감. 시간이 흐르면 나조차 나라는 존재를 잊어버리지 않을까 하는 절망감. 인간에게 소멸의 공포보다 더 큰 불안이 있을까. 선생님은 이러한 감정들을 고스란히 담은《당신과 나 사이》라는 책을 남겼다. 책에는 멀어져 가는 사람들을 보면서 생각한 점들, 다양한 대인관계에서 우리가 가져야 할 마음가짐이 담담히 적혀 있다. 대인관계에서 누구보다 큰 상처를 받고 고민했을 선생님은 이렇게 말한다. "사람에게 상처받았을 땐 적극적인 혼자만의 시간도 필요하다"고. 그리고 "혼자만의 시간을 보내던 중 다시금 누군가 그리워질 땐, 그 감정을 무리해서 억누르지 말고 다시 만나기 시작하라"고.

　　하지만 상처가 낫지 않은 분들은, 이런 대가의 경험담을 전해줘도 역시 망설인다. 다시 상처 입지 않기 위한, 스스로를 지키기 위한 방어 작용이리라.

　　또 이렇게도 생각해볼 수 있다. 기대가 없었다면 상처도 크지 않았을 것이다. 평생 처음 정신과를 찾을 정도로 누군가에게 큰 상처를 받은 이유는, 그가 믿었던 사람이기에, 내 편이라고 생각했던 대상이기에 그랬을 것이다. 그렇게 믿었던 사람에게도 결국 상처받았는데, 만난 지 얼마 안 된 낯선 의사가 하는 말을 어찌 쉽게 믿을 수 있겠는가.

정신치료를 하는 의사는, 관계를 피하기 위해 쌓은 마음의 장벽을 낮춰주는 사람이라고 생각해왔다. 어느덧 정신과 의사 10년차로 접어들며 이 생각은 점점 확신으로 굳어졌다. 그러나 장벽을 허무는 일은 참 쉽지 않다. 내 노력과 능력 정도가 그분들의 인생에 큰 변수가 된다는 생각에 부담을 느끼기도 한다. 여전히 경험과 연륜이 한참 부족하다며 자책하는 일이 잦다.

그런데 마음속에 떠오른 질문 하나가 점차 깨달음으로 바뀌면서, 조금씩 부담을 내려놓게 되었다. '혹시 내가 해야 할 일이나 할 수 있는 일을 실제보다 과대평가하고 있는 건 아닐까?' 내담자께서 진료실을 찾은 것은 이미 스스로 마음속 장벽을 허물기 시작했다는 뜻이고, 첫 상담 후에도 계속 내원한다는 것은 마음속 그 작업이 계속되고 있다는 증거다. 여기서 내가 할 일은 생각보다 크지 않다. 내 역할을 크게 평가해서도 안 된다. 분명히 그 변화의 시작도, 계속 진행해 나가는 주체도 내담자이기 때문이다. 치료자가 아닌 자기 자신이 해낸 것임을 내담자가 확실히 느낄 필요가 있고, 나 역시 그 사실을 분명하게 알릴 필요가 있다. 그럴 때만이 스스로를 강한 사람이라 인정하게 되고, 마침내 자존감도 높아진다. 높아진 자존감에 힘입어 더 이상 사람을 피하지 않게 된다.

상담의 힘은, 정신치료의 힘은 생각보다 크다. 내가 특별히 해준 것은 없는 듯한데 내담자들이 변해간다. 변화의 정도와 폭은 개인마다 차이가 있지만, 어쨌든 대부분 변해간다. 무엇이 변화를 만들어내는 원동력일까? 치료자와 내담자가 맺는 꾸준하고 일관된 관계다. 이전엔 없던, 타인과의 안정된 관계 속에서 변화의 싹이 튼다. 그분들에게 필요했던 것은 바로 그것이었을 뿐이다. 타인과의 안정된 관계. 씨앗이 아니라 토양이 문제였던 것이다.

때 로 는
필요한 상처

"인생의 부피를 늘려주는 것은
우리가 그토록 피하려 애쓰는 불행이다"

　상처 입은 사람들 이야기가 길어지고 있다. 대인관계에서
입은 상처에 관한 이야기로 책을 가득 채워나가고 있는 것을 보
니, 아무래도 정신과 의사의 삶엔 상처받은 사람과의 대화가 큰
비중을 차지하나 보다. 그런데 진료실에서는 가끔 이런 생각도,
이런 이야기도 하게 된다. 내담자 분이 할 때도, 내가 드릴 때도
있다.
　"그 상처가 있었기에 더 강해지게 되었다"고.
　이 지당한 증언을 꼭 진료실에서만 들을 수 있는 것은 아

니다. 수없이 많다. 동서고금을 가리지 않는다. 가깝게는 "비 온 뒤에 땅이 단단해진다"라는 속담도 있고 "젊어서 고생은 사서 한다"라는 정말 듣기 싫은 말도 있다.

"우리를 죽이지 못하는 것은 결국 우리를 더 강하게 만든다"라는 니체의 말, 그리고 "우울증이 그 사람의 삶에 필요하기에 겪는다"고 한 칼 융의 이야기도 진료실에서 종종 인용할 때가 있다. 융은 우울증을 '이대로 삶이 흘러가게 내버려둬선 안 된다는 것을 알기에 완전히 무너뜨리고 새로운 방식으로 살아보기 위해 실행한 것(물론 완전히 무의식의 영역에서)'으로 보았다. 그렇기 때문에 우울증을 잘 극복해낸 사람은 이전보다 더 건강하고 행복하게 지낼 수 있다는 것이다.

융 심리학자인 제임스 홀리스(James Hollis)에 따르면, 양 날의 검과 같은 상처의 양면성, 즉 상처가 영혼에 해를 입힐 수도 있지만 반대로 성장시킬 수도 있음을 알고 있던 과거의 사람들은 '통과의례'라는 과정을 만들었다. 인종과 국가를 가리지 않고 이 사실을 알았기에, 다수의 문화권에 통과의례가 존재했다. 누구도 피해갈 수 없던 성장을 위해 고통과 상처를 일부러 안겨주는 이 과정을 거쳐야 아이는 진정한 성인으로 다시 태어날 수 있었다.

상처의 효용을 꼭 정신분석가들만 강조했던 것은 아니다. 최근에 감명 깊게 읽은 양귀자 작가의 소설 《모순》에는 이런 대목이 나온다. "인생의 부피를 늘려주는 것은 행복이 아니고 우리가 그토록 피하려 애쓰는 불행이다."

이 정도면 '상처가 나를 더 강하게 만든다'라는 명제가 충분히 뒷받침되지 않을까? 하지만 함부로, 어느 상황에서나 내뱉을 만한 말은 아니다. 이런 말은 상처 입은 사람에게 몰지각한 발언이 될 수도, 심지어 공격으로 여겨질 수도 있다. 특히나 한창 힘들어하는 사람에게는 꺼내선 안 되고, 설령 필요하더라도 매우 조심스럽게 꺼내야 할 말이다.

÷

군의관으로 복무할 때의 일이다. 부대 생활에 적응하지 못하고 우울감을 호소하는 한 신입 병사가 진료실을 찾았다. 물론 스스로 온 것은 아니었다. 정확히 말하자면 소속 중대의 간부가 데리고 왔다. 그 병사는 학창 시절에 소위 놀던 학생이었다. 노는 친구들과 어울리며 힘없는 아이를 괴롭히기도 했다. 아주 어렸을 때부터 그랬던 것은 아니다. 부모님 한 분을 여읜 뒤 변화가 시작됐다. 그런데 졸업 후에 더 큰 변화가 찾아왔다. 옛 친구들과 사이가 멀어졌고 어울리는 친구 없이 우울감을 겪으며 지냈다. 그리고 우울감은 군대에 와서 더 심해졌다. 이유는 모르겠지만 타인과 관계 맺는 일에 두려움을 느꼈고, 그들에게 다가가지 못했다. 여기까지는 비슷한 이야기를 여러 번 접한, 꽤 흔한 경우였다.

진료를 그리 오래 지속하지 못하고 끝내 병사에게 힘든 이유를 직접 들을 수는 없었지만, 이런 경우 보통의 심리는 이렇다. 이 병사가 예전에 폭력을 휘두르는 문제 학생이 되었던 데는 부모님 중 한 분을 잃은 일이 분명 영향을 끼쳤을 것이다. 소아 우울증에 동반된 행동 문제였을 가능성이 높고, '부모님 없는 아이'라는 자존감 저하를 보상하기 위한 무리한 행동이었을 수도 있다. 하지만 자신에게 두려움을 느끼는 친구들을 괴롭히는 것으로 유지되던 자존감은 졸업과 동시에 곤두박질쳤을 것이다.

입대 후 불안과 우울을 호소하는 사병들과 상담해보면, 그들 중 상당수에게서 중고등학교 시절의 심리적 어려움이 발견된다. 또래 동성들이 가득한, 자유롭게 행동할 수 없는 폐쇄된 공간. 그들의 마음속에선 군대가 예전에 다니던 학교의 재경험이다. 따라서 힘들 수밖에 없다. 흥미로운 것은 군대에 적응하지 못하는 사람 중에는 과거 학교 폭력의 피해자뿐 아니라 가해자도 있다는 점이다. 물론 그중에는 반사회적 성격을 가지고 있어 학창 시절부터 다른 친구들을 괴롭힌 사람이나, 군대에서 빨리 제대하기 위해 없는 질병을 만들어내려는 가짜 환자도 있다. 하지만 정말로 힘들어하는 과거의 가해자도 있다. 그들이 느끼는 불안의 정체는 무엇일까? 정답은 모르겠지만, 그들이 스스로가 약해지는 것, 그리고 약해진 상태에서 당할 수 있는 폭력 혹은 과거 행위에 대한 복수를 무의식적으로 두려워하는 것은 아닌지 추측한다. 자신의 주먹으로 먹이사슬의 높은 곳에 섰던 학창 시절과 달리, 군대에서는 가장 밑바닥부터 시작하니까.

－｜－

내가 이 사례를 너무도 선명하게 기억하는 이유는 간부가 했던 말 때문이다. 진료가 끝난 뒤 간부가 상담을 청했다.

"군의관님, 이 병사에 대해 어떻게 생각하십니까?"

"아직 몇 차례 만나지 않아 잘 모르겠습니다. 그런데 왜 힘든지는 모르겠지만, 정말로 힘들다는 건 알겠네요."

"저는 애가 거짓말을 하는 거라고 확신합니다."

"왜요?"

내가 모르는 핵심 정보를 알고 있는 것인가? 아, 그렇다면 나는 또 속은 것인가? 이런 생각들이 머릿속에 스쳐갔다. 조기 전역을 위해 가능한 방법을 인터넷에서 검색한 흔적이 발견된다거나 군 면제 브로커가 시키는 방법대로 행동하다 꼬투리를 잡히는 경우가 종종 있었기에 간부들이 제공하는 정보는 매우 소중했다.

"그 병사 가정환경 들으셨죠? 저도 걔랑 거의 같은 환경에서 자랐습니다. 그래서 제가 아는데, 그렇게 자란 아이들은 더 강한 법이어서 입대 뒤에 힘들어하지 않아요."

머리를 한 대 맞은 느낌이었다. 아, 이렇게 생각할 수도 있구나. 그러나 과연 그럴까?

같은 상처와 고통을 겪더라도 사람마다 제각각 다르게 받아들이고 다르게 반응한다. 고통에 내성이 생기며 이겨내고 강해지는 사람도, 상처에 짓눌려 점차 약해지는 사람도 있다. 따라서 "이 상처를 통해 넌 강해질 거야"라는 말은 함부로 해서는 안 된다.

때로는 진료실에 찾아온 사람이 겪고 있는 고통과 비슷한 경험을 내가 겪었던 경우도 있다. 나 역시 인생에서 힘든 순간이 있었으니까. 이런 경우 그들의 이야기에 더 공감되는 것이 사실이다. 하지만 내 경험을 근거로 그들의 감정과 생각을 지레짐작해서는 안 된다. 그것은 진짜 공감이 아니라 나 자신의 감정에 취하는 것일 수 있다. 또한 '나는 결국 이렇게 이겨냈으니 너도 그래야만 한다'라는 압박으로도 비쳐질 수 있기 때문에 조심해야 한다. 그 상황을 그렇게 받아들일 수밖에 없었던, 고통에 무너질 수밖에 없었던 그들만의 감정을 인정해주고 그 슬픔과 안타까움을 함께 느껴야 한다.

그러나 여기서 끝이 아니다. 그 다음 단계로, 같은 상처와 고통을 지금과는 다르게 받아들일 수 있는 방법이 있음을 그들에게 알려야 한다. 그 방식을 강요할 수는 없지만, 그래도 그런 가능성이 실재한다는 것을 알려줘야만 한다. 과거를 바꿀 수는 없지만, 그 바뀌지 않는 과거를 어떤 의미로 받아들이느냐에 따라 현재와 미래가 달라지기 때문이다.

진료실에서는 힘든 시간을 통과한 뒤 더 강하고 성숙한 사람으로 바뀐, 그리하여 결국 행복한 인생을 되찾은 사람을 자주 목격한다. 이미 일어난 과거의 일이 주는 고통에서 너무 오랫동안 헤어나지 못하고 있는가? 그렇다면 일단 그 고통을 견뎌낸 과거의 나를 한번 안아주자. 나는 낯간지러운 이야기를 잘 못하는 편이다. 그래서 "나를 안아주자"는 말을 하기 전엔 항상 망설이곤 한다. 입 밖에 내기 쉽지 않다. 하지만 꼭 필요한 분들께 나의 낯간지러움을 참으며 이 말을 해드린다. 그리고 다음 말을 이어간다. 자책을 그만두기 위해 스스로를 용서하자. 그동안 충분히 아파했다. 과거의 상처는 충분히 들여다보았다. 그 상처는 결국 날 죽이지 못했고, 오히려 내 인생의 부피를 늘려주었다. 이제는 스스로에게 행복을 허락할 시간이다.

4

완벽하지 않아도
충분히 좋은

완벽한 관계는
없다

"우리에게 필요한 것은 완벽한 대상이
아니라 충분히 좋은 대상이다"

　　우리가 겪는 상처는 모두 대인관계로 인한 것이다. 왜 대
인관계는 상처를 낳을 수밖에 없을까? 나에게 완벽한 상대방이
없기 때문이다. 완벽한 부모님, 완벽한 친구, 완벽한 연인, 완벽
한 배우자, 완벽한 직장 동료만 세상에 존재한다면 좋으련만.

　　어느 겨울날 아이들과 외출 준비를 하는 중이었다. 외투를
입고 신발을 신는데, 첫째가 동생에게 설명하는 말이 들렸다.

　　"겨울엔 추워도 주머니에 손을 넣으면 안 돼. 왠지 알아?
겨울엔 걷다가 얼음에 미끄러져서 넘어질 수 있거든. 그런데 손

이 주머니에 들어 있으니까 땅을 짚을 수가 없잖아. 그러면 얼굴이 다쳐. 알겠지? 그러니까 장갑을 껴야 해."

둘째는 정말 열심히 집중해서 들었다. 한 살 많은 형에게서 삶의 교훈을 전수받는 모습을 보며 내 머리에 스쳐간 생각과 감정은 지금 돌이켜봐도 참 어이가 없다. 난 그 짧은 순간에 부러움이란 감정을 느꼈다. 그 부러움은 선행된 이런 생각들 때문이었다.

'저렇게 확신을 가지고 삶의 진리를 알려줄 수 있다면 얼마나 좋을까.'

'언젠가 그렇게 될 수 있을까?'

'내 말을 저렇게 믿어주면 좋을 텐데.'

직업병이려나. 아이들의 사랑스러운 모습을 보며 이런 생각이 들다니. 그런 생각을 한 걸 보면 평소 스스로에게 부족하다 여기는 느낌이 마음속에 꽤 쌓여 있었나 보다.

지난 3년간 너무 바쁘게 달려온 탓일까. 예전부터 알던 사람들에게 '나이 들어 보인다'는 말을 종종 듣는다. 요즘은 잘 듣지 않지만, 병원 문을 연 초기에는 처음 찾아온 분들에게 "선생님 너무 어리시네요?"라는 말을 자주 들었다. 안내 데스크에 "저 선생님은 진료 경력이 얼마나 됐느냐", "전문의는 맞느냐",

"결혼은 했느냐" 등을 질문하시는 분도 잦았다.

누군가에게는 배부른 소리처럼 들리겠지만, 어린 시절부터 나는 나이에 비해 어려 보이는 얼굴이 마음에 들지 않았다. 그땐 다들 더 빨리 나이 들었으면 하니까. 안 그래도 힘든 의과대학 과정을 굴곡 심하게 겪어 나가며 얼굴이 제 나이를 약간 쫓아갔지만, 그래도 여전히 어려 보인다는 말을 자주 들었다. 20대 후반이 되어서야 어려 보이는 얼굴이 장점이 될 수 있겠구나 처음으로 깨달았는데, 의사의 삶에서 이는 약점이 됐다.

사람들은 의사에게 연륜을 기대한다. 당연하다. 내가 환자여도 그럴 것이다. 인턴 시절 내가 채혈을 위한 주사기를 들고 갔을 때 나를 바라보던 분들의 눈빛이, 의심과 공포가 반반 섞인 눈동자가 흔들리는 모습이 선하다. 게다가 사람들은 정신과 의사에게는 더 많은 연륜을 기대한다. 단순히 많은 사람의 이야기를 들어왔고 치료했기를 기대하는 것에서 끝나지 않는다. 치료자 자신도 삶의 다양한 맛을, 그중에서도 쓴 맛을 많이 겪어본 사람이기를 기대한다. "선생님 너무 어리시네요?"라는 말 속에는 '그것 밖에 안 산 네가 내 상황과 감정을 얼마나 이해할 수 있겠나'라는 뜻이 숨어 있다. 그리고 나는 그 숨은 메시지에 괜히 더 찔렸다. 자격지심이 있었기 때문이다. 짧은 연륜에서 나오는 부족함을 스스로도 느끼고 있는데, 어려 보이는 얼굴로 인해 안 그래도 짧은 내 연륜이 더 짧다고 의심받는 상황이 편할 수는 없었다.

그런데 내가 더 나이가 들면, 수많은 삶을 경험해 연륜이 쌓이면, 모두에게 완벽에 가까운 정신과 의사가 될 수 있을까? 진료실을 찾아주는 어떤 분은 내가 젊어서 말이 잘 통하는 것 같아 좋다고 하신다. 나이 든 선생님들도 이야기를 잘 들어주셨지만, 그래도 조금 더 비슷한 시대를 살아온 사람이라 자신을 더 잘 이해하는 것 같다고도 하신다.

하지만 말이 잘 통한다고 느끼는 그분들이 살아온 세상, 살고 있는 세상은 나와 또 다르다. 그들 대부분은 회사원이지만 나는 전문직 자영업자다. 회사원의 이야기를 충분히 들었다 싶으면, 들어본 적 없는 삶을 살아온 분이 나타난다. 연예인, 운동선수, 예술가 등 이분들 모두의 이야기를 들으며 20년 정도 지나 훨씬 연륜 있는 의사가 되어 있을 나는 그때의 20대에게 말이 잘 통하는 사람일 수 있을까? 말이 잘 안 통하는 꼰대로 보이지만 않는다면 참 다행일 것이다.

완벽한 대상은 존재할 수 없다. 아까 말한, 존경스러운 눈으로 형을 바라보며 전해주는 말씀을 새겨듣던 동생은 5분 뒤 자신에게 장난감을 양보하지 않는 형을 때리고 있었다. 우리는 믿던 사람에게 얼마나 많이 실망하며 살아가는가. 모든 면에서 완벽하게 보이던 사람에게서도 약간만 파고들면 실망스러운 이야기가 흘러나온다. 언론에 자주 터지는 유명인의 사건사고 소식이나 고위 공직자와 정치인의 청문회 자리에서 우리는 매번 같은 레퍼토리를 듣게 된다. 하지만 그럼에도 우리는 또다시 완벽한 누군가를, 삶을 이끌어줄 멘토를 찾는다. 신을 믿는 것으로 대인관계에서 느끼는 부족함을 채우려 하는 사람도 있다. 그런데 신은 완벽해도, 신을 믿는 사람이 완벽하지 못하다. 그리하여 많은 사람이 그 괴리에 또 상처받는다.

· · ·

그렇다면 일상의 대인관계에서 우리에게 필요한 것은 무엇일까. 이에 대해선 앞서 소개한《어린 왕자》에 답이 나온다.

어린 왕자는 자신이 살던 별을 떠난 후에야 장미의 가치를 깨닫게 된다. 거짓말하고 허영심에 찬 장미의 모습에 힘들기도 했지만, 동시에 자신의 삶을 밝혀주던 친구이기도 했다는 사실을 깨닫는다. 장미는 완벽한 친구는 아니었지만, 어쨌든 좋은 친구였다.

"나는 장미를 전혀 이해하지 못했어! 장미의 말이 아니라 행동으로 판단했어야 했는데. 장미는 내게 향기를 선물하고 내 삶을 눈부시게 밝혀주었는데. 그렇게 도망쳐 오는 게 아니었어! 딱한 거짓말 뒤에 숨겨진 장미의 마음을 알아차렸어야 했는데. 꽃들은 모순투성이야! 난 너무 어려서 장미를 사랑할 줄 몰랐던 거야."

우리에게 필요한 것은 '완벽한 대상'이 아니라 '충분히 좋은 대상'이다. '충분히 좋은'이란 말을 내 방식대로 더 풀어서 이야기해보자면 '군데군데 불만족스럽고 안 맞는 부분도 있지만, 그래도 이 정도면 괜찮은'이다.

÷

20대 초반의 K씨에겐 길게 지속되는 안정적인 대인관계가 거의 없었다. K씨는 그럴 필요조차 느끼지 않는다고 나에게 입버릇처럼 말했다. 하지만 나는 그 말을 액면 그대로 믿지 않았다. 1년이 훌쩍 넘는 동안 빼먹지 않고 꾸준히 나를 만나러 왔기 때문이다. 오래 가는 대인관계가 생길 수 없는 이유는 명확했다. K씨에겐 누구에게도 말할 수 없는 비밀이 하나 있었다. 누구든 그 사실을 알게 되면 자신을 버릴 것이라 생각했기에 어느 누구와도 일정 수준의 거리를 유지했다. 하지만 K씨는 나에게만은 그 사실을 이야기해주었고, 너무도 당연하게 버림받지 않았다. 비밀을 알렸지만 유지되는 대인관계가 존재할 수 있다는 것을 체험한 K씨는 용기를 내 친구를 만들어나갔다. 하지만 누군가를 더 믿고 가까워진다는 것은 마냥 쉬운 일은 아니었다. 가까워질 때마다 그들의 부족한 점이, 내게 상처 주는 부분이 눈에 띄어 힘들었다.

그러던 어느 날 K씨와 이런 대화를 나눴다.

"지난주엔 군대에서 휴가 나온 친구와 만나서 놀았어요."

"그 친구요? 지난번에 앞으로 그 친구와는 더 이상 연락하지 않을 거라고 말했던 기억이 나는데요?"

"그게 그 뒤에 곰곰이 생각해봤는데요. 걔 정도면 충분히 좋은 친구 아닌가라는 생각이 들더라고요. 좀 힘든 부분도 있지만, 좋은 부분도 많고요."

K씨보다 10살 많은 H씨 역시 길고 안정적인 대인관계가 없었다. 하지만 그 사실에 대해 겉으로 표현하는 방식은 K씨와는 정반대였다. 가까운 친구가 없음을 항상 아쉬워했고, 그런 대상을 간절히 그렸다. 나와도 더 가까운 관계가 되기를 원했다. 일주일에 한 번 만나는 관계는 너무 부족하게 느껴진다고 자주 말했다. 혹시 같이 밥을 먹을 수 있느냐고 물어보기도 했다. 원칙상 불가능함을 분명히 알면서도, H씨는 그만큼 누군가와 가까워지고 싶은 열망이 컸다. 그 열망에 이끌려 H씨는 다른 사람과 자주 가까워졌는데, 그 관계는 매번 상처만 남기고 이내 끝났다. 우리는 그 이유에 관해 꾸준히 이야기를 나눴다. 완벽한, 최고로 가까운 사이를 원하기에 적당한 사이에는 만족하지 못하고, 그런 관계는 가치 없다고 느끼는 H씨의 경향성에 관해. 그러던 어느 날, H씨와 이런 대화를 나누었다.

"아니, 그렇게 바쁜 사람이 언제 또 텔레비전에 나갔대요?"

〈뇌부자들〉을 같이 진행하는 친구들과 공중파에 출연한 방송을 본 모양이었다. 진료와 진료 외 활동을 쭉 병행해온 것에 많이 지쳐 있던 때였다. 겉으로 티 내지 않으려 해도 피곤함을 알아채는 환자들이 종종 있었다. 그중에서도 H씨는 특히 더 내 변화에 민감했고, 영양제나 진료실에서 챙겨 먹을 간식을 몇 차례 전해주기도 했다. 너무 감사하면서도 죄송했다. 어느 순간부턴 본업인 진료에 충실하기 위해 방송 출연을 최대한 삼갔는데, 공중파에 나가 〈뇌부자들〉을 알릴 기회는 우리 모두에게 피할 수 없는 유혹이었다. H씨의 말은 이어졌다.

"그렇게 바쁘면서 또 텔레비전에 나오는 걸 보니까 순간 좀 짜증도 나더라고요. 아니, 진료에 더 에너지를 쏟을 것이지! 하는 생각이 들어서요. 그런데 다음 순간 이런 생각도 들더라고요. 아, 그런데 그래도 저 사람이 지난 1년간 내 이야기를 지겨워하지 않고 꾸준히 들어주지 않았나. 잘 바뀌지 않는 나를 포기하지 않고 계속해서 힘써주는 사람 아닌가라는 생각이요. 그 생각이 들면서 기분이 괜찮아져서 텔레비전을 잘 봤어요. 같이 본 부모님에게 저 사람이 바로 내 치료자라고 자랑스럽게 이야기도 하고요"

이 변화는 H씨가 완벽하지 않은, 최고가 아닌 나와의 관계를 1년 넘게 이어가며 저절로 학습한 것이다. 이런 관계도 분명히 나름의 의미가 있고 좋은 관계라는 것을.

＋

　　장미꽃을 종전과 다른 시각으로 바라보게 된 후 더 성숙해
진 어린 왕자처럼, K씨와 H씨는 각각의 대화를 기점으로 더 성
숙하고 안정적으로 변해갔다. 사람들을 더 이상 All or None으
로만, 최고와 최악으로만 바라보지 않게 되었다. 세상을 '이 정
도면 그래도 좋은 사람'이 많이 존재하는 곳으로 바라보게 되었
다. 그들이 사는 세상은 이전과 그대로였으나, 그들의 눈에 비치
는 세상은 크게 변했기 때문에 생각과 감정도 바뀌었다. 과거의
세상은 말 그대로 살 만한 곳이 아니었기 때문에 자연스레 죽음
을 떠올릴 수밖에 없었다. 우울할 수밖에 없었다. 하지만 새롭게
보이는 세상은 완벽하지 않아도, 그래도 좋은 구석이 있는 곳이
었다. 내가 보지 못했던 좋은 것들이 또 여기저기 숨어 있지 않
을까? 이런 희망을 가질 수 있는, 완벽하지는 않지만 충분히 좋
은 세상에서 사는 일은 우울하지만은 않을 것이다.

70점 짜리
나

"100점짜리 진료를 제공하지
못한다고 해서, 내가 하는 진료가
의미 없는 것은 아니다"

앞서 이야기한 '충분히 좋은 대상' 개념은 어린 아이의 발달 과정 이론에서 비롯된 것이다. 아이가 건강하게 발달하려면 best mother(최고의 엄마) 혹은 perfect mother(완벽한 엄마)가 아닌 good enough mother(충분히 좋은 엄마)가 필요하다. (과거 이 개념이 만들어질 시기엔 주로 여성이 양육을 담당했기에 '엄마'라는 용어를 썼을 뿐, 엄마만 양육을 전담해야 한다거나 엄마만이 아이에게 절대적 영향을 미친다는 뜻은 아니다.)

어느 날 저녁, 우유를 사러 나가는데 아이가 같이 가고 싶다며 따라 나왔다. 기분 좋게 같이 손을 잡고 걷던 중 돌부리에 걸려 넘어진 아이의 손가락이 하필 내 발에 밟히며 피가 꽤 났다. 급하게 집에 돌아와 상처를 씻고 소독하는 동안 아이는 내게 안긴 상태로 끊임없이 "아빠 나빠!"를 외쳤다. 그리고 10분가량 지났을까, 고통과 감정이 가라앉아 다시 놀기 시작한 아이는 나를 사랑스럽게 바라보며 말했다.

"아빠 좋아."

아이는 자신이 미숙하기에 완벽한 엄마, 아빠를 꿈꾼다. 자신의 요구에 완벽히 부응해주고, 보호해주는 부모. 그럴 땐 좋은 엄마, 좋은 아빠다. 하지만 이내 그것이 불가능하다는 사실을 깨닫는다. 배고파서 우는데 바로 해결해주지 않고, 자신을 보호해주지 못한 부모는 나쁜 부모다. 아주 어릴 때 아이는 부모의 두 가지 모습을 통합하기 힘들어 하는데, 일관되게 자신을 사랑하는 부모를 겪으며 결국 통합해낸다. 자신을 보호하지 못해 아프게 했지만, 원망하는 자신을 계속 따뜻하게 안아주는 모습에서 하나의 결론을 내리게 된다. '내 뜻대로 안 될 때도 있지만, 완벽하지 않을 때도 있지만, 그래도 좋은 부모구나'라고.

완벽한 육아란 것이 존재할까. 아이를 키워본 사람은 누구나 알 것이다. 그런 건 불가능하다는 것을. 하지만 아이를 사랑하는 마음에, 좋은 것만 주고 싶은 마음에 도전하고 좌절한다. 나 역시 완벽한 육아에 도전해본 적이 있다. 정신과 의사로 일하며 생애 초기 경험이 한 사람의 인생에 얼마나 큰 영향을 미치는지 수없이 봐왔기에, 배운 그대로 키우기 위해 노력했다. 배운 바에 의하면 육아에서 제일 중요한 것은 아기의 요구에 민감하고 즉각적으로, 애정을 가지고 일관되게 반응하는 것이다.

말이 쉽지 정말로 어려운 일이다. 좋은 부모는 아기의 울음이 배고픔으로 인한 것인지, 쉬가 마려워서인지, 아니면 졸려서인지 그 차이를 민감하게 구별해낼 수 있다고 한다. 분명 내가 배우기는 했던, 기억에 남아 있는 저 말은 누가 한 걸까. 그분은 정말 아기가 우는 원인을 모두 알아챌 수 있었을까. 일단 나는 민감함 면에서는 탈락이었다. 그래서 나머지 부분으로 메우려 노력했다. 울 때마다 일관되게 즉각적으로 안아서 달래주었다. 그 덕분인진 모르겠지만 아이는 밝게 자라났고 나와의 관계도 좋았다. 그렇게 2년을 보낸 어느 날, 나는 출근을 하려고 현관에서 신발을 신던 도중 허리 디스크가 터져 쓰러졌다.

둘째는 더 손이 많이 갔다. 처음으로 말한 단어가 "아빠"
일 때부터 불안하다 싶었는데, 하루에도 수백 번 쉬지 않고 아빠
를 부르며 모든 의사소통을 그 단어 하나로 해결했다. 그렇게 아
이의 요구에 맞추며 지쳐가던 중 〈뇌부자들〉 지방 강연에 맞춰
멤버들과 가족 동반 여행을 가게 되었다. 그곳에서 다른 모든 부
모는 편안하게 대화를 나누며 시간을 보내고 있었다. 둘째에게
종일 잡혀 힘들어 하는 나만 제외하고.

다들 아빠만 찾는 둘째의 모습을 신기해하며 바라보고 있
을 때, 소아 정신과를 전공한 친구가 내게 말했다.

"내가 볼 땐 100점짜리 육아를 하려는 형이 문제야. 그런
데 당연히 그게 안 되고, 그래서 지친 부모가 0점짜리 모습을 보
이게 되거든. 그게 아이에게 훨씬 안 좋아. 조금 부족한 듯해도
꾸준한 70점짜리 부모가 되는 게 아이에겐 더 좋아."

그렇다. 나는 과거의 실수를 깨닫지 못하고 반복하고 있었
던 것이다. 허리 디스크로 요양을 위해 며칠간 떨어졌다 만났을
때, 첫째가 통곡하던 장면을 잊지 못한다. 미리 설명하지도 않고
갑자기 사라진 나는 0점짜리 아빠였다. 이후에도 허리 통증 때
문에 점차 '감정 그릇'의 크기가 줄어 안아 달라는 아이에게 쉽

게 짜증내곤 했다. 웃으며 안아주던 아빠가 똑같은 상황에서 갑자기 짜증내는 모습. 이렇게 100점과 0점의 모습이 예측할 수 없이 번갈아 등장하는 것은 아이를 혼란스럽게 만든다. 이는 곧 안정된 애착을 가지지 못하게 만드는 요인이 된다. 친구의 조언을 들은 뒤로 나는 스스로의 기준을 낮추려 노력하기로 했다. 아이의 건강한 성장을 위해 필요한 것은 완벽한 부모가 아닌 '충분히 좋은 부모'임을 잊지 않고 '70점짜리 아빠'를 목표로 삼게 되었다.

70점짜리 부모가 되는 것은 나 자신을 위해서만이 아니라, 아이를 위한 일이기도 하다. 70점짜리 부모가 되기로 결정한 후 마음이 약간 가벼워지는 것을 경험한 나는 '충분히 좋은' 개념을 점차 삶의 다양한 영역에 적용하기로 했다.

우선 내 정체성에서 매우 큰 부분을 차지하는 정신과 의사로서의 삶에 대입할 수 있지 않을까? 야간진료가 끝난 날엔 힘들다. 8시면 원래 병원 문을 닫아야 하지만, 제때 문 닫는 날이 드물다. 그리 많은 환자를 보는 것도 아니고, 체력적으로 지칠 수술을 하는 과도 아니건만 정말 힘들다. 가끔 '하루 종일 앉아있기만 하는데 뭐가 힘드냐'라고 말하는 다른 과 의사 친구들도 있지만, 타인의 이야기를 집중하며 듣는 것은 분명 뇌에서 많은 에너지를 소모하는 일이다. 특히 무력감이 나를 더 힘들게 만든다. 문제가 금세 해결되는 경우는 흔치 않다. 치료 결과를 검사 수치나 영상 사진으로 확인할 수 없기에, 좋아지는 중인지 확신할 수 없기에 더 자주 무력감을 느끼는 것 같다. 예약 시간에 오지 않은 분이 극단적인 행동으로 입원해 있다는 소식을 접할 때는 말할 것도 없고, 아주 가끔이지만 결국 자살을 선택한 분의 이야기를 전해들은 날엔 마음이 무너진다. 무력감에서 벗어나 눈앞의 환자에게 집중하기 힘들다. 퇴근길엔 지하철에 멍하니 앉아 이런 생각을 한다.

'언제까지 할 수 있을까?'

뒤이어 여러 가지 생각이 연달아 떠오른다. 수십 년째 진료하고 있는 선배들이 새삼 존경스럽다. 예약제인 내 진료 방식에 이렇게 해서는 오래 못 버틴다, 감기 환자 보듯 진료해야 한다고 진심 어린 조언을 해주었던 선배들 말뜻이 이해되기도 한다. 〈뇌부자들〉 활동으로 미디어에 자주 노출된 탓에 나를 믿고 찾아온 사람들에게 잘못하고 있는 것은 아닌가 하는 생각도 든다. 원래 처음 병원 문을 열 때의 목표처럼 정신치료 모임에 꾸준히 출석해서 더 배웠다면, 다양한 활동에 여유가 없다는 핑계로 멈춰둔 그 길을 계속 갔다면 더 깊이 있는 진료를 제공했을 텐데. 그렇다면 더 살지 않기로 결심한 그 사람의 마음도 돌릴 수 있지 않았을까.

머릿속이 나에게 화살을 돌리는 자기비난으로 가득 찬다. 하지만 이 생각들에 지나치게 이끌려가서는 안 된다고 자각하려 애쓴다. 나를 위해서도, 당장 눈앞의 환자를 위해서도 과도한 자기비난은 해롭다. 내 마음을 지키기 위해 자기합리화를 시도해본다. 나를 위한 변명거리를 찾아본다. 난 완벽하지 못한 정신과 의사다. 하지만 분명히 충분히 좋은 일들을 하고 있다. 100점짜리 진료를 제공하지 못한다고 해서, 내가 하는 진료가 의미 없는 것은 아니다.

적당한 자기비난은 스스로의 발전을 위해 도움이 되지만, 그것이 지나치면 삶이 고통의 나락으로 떨어진다. 지나친 자기합리화는 스스로를 미성숙하고 무책임한 사람으로 만들 여지가 있지만, 그것이 적당하면 마음이 정박할 언덕이 되어준다. 자기비난과 자기합리화, 이 둘 사이에 적당한 균형과 긴장이 있어야 삶이 좀 더 단단해지고 건강해진다.

나는 잘 살고 있는 걸까? 그렇다는 쪽에 제시할 만한 근거로는 역시 〈뇌부자들〉 활동이 있을 것이다. 여러 사람에게 도움이 되는 공익적인 활동을 오랜 기간 열과 성을 다해왔으니까. 이 정도면 다른 사람들도 꽤 높은 점수를 주지 않을까?

재미있게도 점수를 바로 확인할 방법이 있다. 이 글을 쓰는 2020년 6월 5일 현재, 아이튠즈로 〈뇌부자들〉을 청취하는 분 중 734명이 평점을 주었다. 자기비난의 목소리는 내게 별 1개를 준 사람 수를 보라고 한다. 무려 52명이나 최하점을 주었다. 아, 그 정도인가? 절로 탄식이 새어나온다. 하지만 자기합리화를 시도해본다. 자그마치 484명에게 별 5개를 받았다. 평균 평점은 별 4개 이상이니 80점을 넘긴 것 같다. 지난 3년간, 친구들과 순도 100퍼센트의 열정으로 〈뇌부자들〉을 만들어왔다. 감히 '진심'과 '에너지'를 모두 썼다고 자부한다. 그렇게 최선을 다한 결과는 80점이다. 절대 100점이 될 수 없다. 이 숫자를 잊지 않아야 한다. 내 인생에서 앞으로 이만큼 열의를 쏟은 일은 과거에도 없었고, 앞으로도 없을 것 같다. 그러니 삶의 목표치를 80점보다 낮게 잡아야 하지 않을까?

그래. 나는 결코 완전하지 않지만, 부족한 부분이 너무 많지만, 그래도 이 정도면 괜찮은 정신과 의사로 살고 있다고 생각하기로 했다. 앞으로 이 길을 지치지 않고 계속 걸어가기 위해선 '70점짜리 의사'라는 목표를 잊지 말자고 다짐도 해본다.

그렇다면 이 책 역시 70점을 목표로 써야 할까. 왠지 그건 또 내키지 않는다. 〈뇌부자들〉 멤버들과 함께 쓴 책《어쩐지 도망치고 싶더라니》가 포털 사이트에서 10점 만점에 평점 9점을 받았는데. 여러 생각이 들지만 결론은 이렇다. '뭐, 이 정도면 그래도 괜찮은 책이네요'라는 서평이 주로 남는다면 더없이 좋겠다.

건강한 좌절의 경험이
필요한 이유

"대부분 현재 느끼는 애정결핍의
원인으로 과거의 결핍만을 떠올린다"

"지금 이야기하신, 쉽게 불안해지는 특징은 어디서 비롯된 걸까요?"

"서른이 넘는 나이에 이런 말하기 그렇지만, 부모님 영향을 받은 것 같아요. 예전에 부모님에 대한 첫 기억을 물어보셨잖아요. 기억 안 난다고 한 것은 사실 거짓말이었어요. 두 분에 대한 첫 기억은 하나예요. 두 분이 싸우고, 전 방에서 울고 있던 기억이요. 제 불안은 그때부터 시작된 것 같아요."

또 부모님이다. 이 내담자는 심각한 불안의 근원을 부모에게서 찾았다. 이 내담자만이 아니다. 유도한 것이 아니건만 상담하는 분들 대부분 성격 특성의 근원을 부모에게서 찾는다. 말하는 내용 또한 놀랍도록 공통적이다.

　불안 장애로 힘들어하는 내담자에게서는 과거 불안했던 가정환경이나 불안 수위가 높았던 부모님 이야기를 자주 듣게 된다. 어린 시절 부모님과 갑자기 떨어지며 겪은 상실감은 우울증을 지닌 분들께 종종 듣는다. 식이 장애의 경우 통제적인 부모님, 반복되는 자해의 경우 성취지향적인 부모님의 이야기가 자주 등장한다.

　생애 초기 부모의 양육 방식은 아이에게 절대적 영향을 미친다. 아기에게는 부모가 세상의 전부이며, 부모와의 관계가 미래 대인관계 패턴의 원형이다. 따뜻하게 대해주는 부모 밑에서 아기는 세상을 살 만한 곳으로, 가혹한 부모 밑에서는 무서운 곳으로, 비일관적인 부모 밑에서는 혼란스러운 곳으로 바라보게 된다. 이때 형성된 시각은 성인이 되어서도 좀처럼 바뀌지 않는다. 바뀔 순 있지만, 정말 많은 노력과 시간이 필요하다.

현대 정신의학의 발달 이론은 여러 학자가 수많은 사례를 직접 관찰해 그 결과를 바탕으로 고안한 것이다. 나는 그 이론의 산 증인들을 매일 만나고 있다. 오늘날엔 과거와 달리, 부모의 양육 방식이 아이의 성격 형성에 매우 중요하다는 사실을 사회적으로 공감하는 분위기다. 정말 다행이고 바람직한 현상이다. 하지만 그와 동시에 피할 수 없는 부작용 또한 생겼다는 것을 진료실에서 종종 느낀다. '좋은 부모가 아니라는 죄책감'이 그 부작용의 정체다. 육아가 내 마음대로 항상 잘될 순 없다는 걸 인정하면서도, 아이에게 항상 미안한 마음이 든다고 고백하는 분들이 꽤 많다. 예를 들면 이런 식이다.

'퇴근이 늦어지면 어린이집에 친구들보다 늦게 남겨진 아이가 기다리고 있다. 새벽 출근에 야근 후 퇴근하면 아이 얼굴 한번 못 본다. 밥도 차려주지 못하고 계속 사 먹이게 된다. 종일 회사에서 치이다 집에 돌아가면 말 안 듣고 투정부리는 아이에게 나도 모르게 욱하기도 한다. 나라고 이렇게 살고 싶을까. 삶이 고달프다.'

물론 슬픈 일이지만 지나친 자책은 도움이 되지 않는다.

그런데 진료실에 오는 분들은 대체로 큰 양심을 가지고 있다. 필요한 순간에도 자기합리화를 잘 하지 못하고, 필요 이상으로 자책하며 괴로워한다.

이들의 이야기를 듣는 나 역시 동일한 감정을 느끼며 살아간다. 경험이 비슷하다 보니, 생겨나는 감정도 비슷하다. 나도 육아에 관해서는 자주 자책한다. 그래서 간혹 내 이야기도 솔직하게 꺼내며 그들의 마음을 위로한다. 과도한 죄책감에 빠지지 말자, 70점짜리 부모가 되자고 전할 때 종종 이런 답이 돌아온다.

"여유만 있다면 70점에 머무를 이유가 없잖아요? 그래도 완벽한 부모가 아이에게 더 좋을 것 같은데요."

당연한 생각이다. 나 역시 그렇게 생각했으니까. 그 결과 허리 디스크를 얻었다. 부모뿐 아니라 아이에게도 완전한 양육이 아닌, 충분히 좋은 양육이 필요한 이유를 추가로 설명한다. 아이가 건강한 심리를 지니려면 '온전히 사랑받은 경험'과 더불어 그 사랑이 계속해서 완전할 수는 없다는 '건강한 좌절의 경험'이 필요하다. 사람들은 '온전히 사랑받은 경험'이 결핍된 경우만 문제 삼곤 하지만, '건강한 좌절의 경험'도 만만치 않게 중요하다.

30대 남성 L씨는 중요한 시험을 앞두고 심한 긴장 증세와 불안감을 느껴 나를 찾았다. 정신과는 처음이라고 했다. L씨의 치료 자체는 아주 간단했다. 불안을 줄여주는 약물치료를 통해 그는 긴장 증세 없이 시험과 면접을 잘 치를 수 있었다. 기존에 다른 증상은 없었기에 더 이상의 치료는 필요 없어 보였고, 그에게 그렇게 알렸다. 그러자 그는 예전부터 궁금한 것이 있었다며, 정신과에 용기를 내 들른 지금 그 궁금증을 해결해보고 싶다고 말했다.

　　그는 자신이 왜 애정결핍을 느끼는지, 그 이유를 궁금해했다. 그가 들려준 과거 연애사는 아주 평범했는데, 몇 가지 특징을 정리하면 이러했다. 한 번 사귀면 적어도 1년 이상 관계가 유지되었고, 연애와 연애 사이에 거의 틈이 없었다. 그리고 연애할 때는 연인에게 집중하느라 친구들과의 관계가 소홀해지는 편이었다. 친구들은 이별할 때마다 혼자인 기간을 잘 견디지 못해 돌아오는 그를 농담 반 진담 반으로 비난하기도 했지만, 사교성이 좋은 그를 항상 잘 받아주었다. 그러나 친구들과의 즐거운 시간도 잠시, 마치 짧은 쉬는 시간 후 다음 수업에 들어가듯 새로운 연애를 시작했다. 그는 자신의 이런 모습이 마음에 들지 않았다. 친구들과 다르게, 연인 없이 혼자인 시간을 잘 보내지 못하는 자신에게 문제가 있다고 느꼈다. '나에게 애정결핍이 있는 건가?'

어떤 경험이 애정결핍을 만들어낸 걸까? 애정결핍은 과거 온전한 사랑의 경험이 결핍된 사람에게 나타나는 것으로 생각했기에 L씨는 자신의 과거를 열심히 돌아보았다. '어린 시절, 내가 기억하지 못하는 안 좋은 경험을 한 건 아닐까?' 하지만 혼자서는 찾지 못한 그 답을 진료실에서 발견하고 싶어 했다.

L씨는 7살 터울의 형을 둔 막내로 태어났다. 부모님은 따뜻했고 그에게 대부분의 시간을 좋은 기억으로 남겨주었다. 형과 마찰이 있을 때에도 부모님은 항상 어린 그의 편을 들어주었고, 그러한 상황을 무리 없이 받아들인 형은 어린 동생을 예뻐하고 잘 양보해주었다. 사랑을 듬뿍 받으며 자란 그는 또래 친구들과도 아주 잘 지냈다. 동성과 이성 모두에게 인기가 많았다. 이렇게 사랑을 듬뿍 받고 잘 자라온 그에게 어째서 애정결핍이라 여길 만한 구석이 있는 걸까?

어린 시절 아이에게 가장 필요한 것은 온전히 사랑받는 느낌이다. 하지만 그것이 언제까지나 이어질 수만은 없다는 건강한 좌절의 경험 또한 건강한 심리 발달을 위해 필요하다. 안 될 땐 안 된다고 아이에게 확실히 알려주고, 그로 인해 좌절한 아이의 감정을 알아주고 다독여주는 것. 엄마, 아빠도 온종일 너와 함께하며 모든 것을 다 해주고 싶지만, 현실적으로는 불가능하다는 것. 하지만 그렇다고 널 사랑하지 않는다거나 덜 사랑하는 것이 아니라는 마음을 전달하는 것. 이것이 아이가 겪어야 할 건강한 좌절이다.

온전한 사랑의 결핍과 건강한 좌절 경험의 부재, 이 두 가지 모두 우리를 어린 아이 시기에 고착되게 만들 수 있다. 애정결핍뿐 아니라 과도한 애정의 경험 또한 아이에게 강렬한 기억으로 남아, 성인이 된 후에도 계속 그 어린 시기에 받았던 사랑을 꿈꾸게 만드는 것이다.

대부분 현재 느끼는 애정결핍의 원인으로 과거의 결핍만을 떠올린다. L씨에게도 그게 고민이었다. 괜히 부모님을 의심하고, 자신에겐 해결될 수 없는 뿌리 깊은 문제가 있을 것이라며 괴로워했다. 과거 온전한 사랑의 경험에 취해 있던 것이 원인이란 것을 알게 된 L씨의 표정은 아주 편안해 보였고, 궁금증을 해결한 그는 곧 치료를 종결했다.

칭찬 일기와
감사 일기

"당연한 걸 해낸 것은

칭찬받으면 안 되는 것일까?"

"음… 검사 결과가… 잠시만요."

평소엔 내가 하는 멘트지만, 그날 나는 듣는 입장으로 대학병원 진료실에 앉아 있었다. 교수님이 딸깍딸깍 마우스를 클릭할 때마다 심장은 조여들었다.

"다행히 면역체계가 건강하네요. 항암제 안 써도 되겠어요. 여기는 대개 죽음을 목전에 둔 분들이 오는 곳이에요. 그래서 천만 원이든, 일억 원이든 필요하면 그날 바로 쓰기 시작해야 하거든요. 환자 분은 괜찮아요."

1분 만에 마무리되려는 진료의 끝을 잡고 질문을 던졌다.

"많이 피곤해서 일시적으로 생겼던 걸까요?"

"몰라요. 그래서만 생긴 거면 저희처럼 흰 가운 입은 사람들은 못 살아남겠죠. 증상이 왜 생겼었는지 모르겠지만, 어쨌든 괜찮아요. 기분 좋게 나가서, 행복하게 지내세요."

교수님의 얼굴이 피로에 가득 차 있었기에, 실은 나도 이 병원 출신인 가운 입는 사람이란 말을 할 틈도, 몇 가지 궁금한 점을 더 질문할 틈도 없었지만 괜찮았다. 지난 몇 달간 걱정해오던 질병이 없다는데, 무얼 더 바랄 게 있나. 교수님 말대로 그저 기분이 좋았다. 그날따라 햇살도 기분 좋게 따스하고, 공기도 유난히 맑았다.

군의관으로 근무하던 중 마지막 3년차에 나는 충격적인 사실을 알게 되었다. 내 머릿속에 무언가 정체를 알 수 없는 것이 들어 있다는 것을. 지름이 2센티미터 정도인 그것의 정체가 무엇일지 너무나 두려웠다. 급히 예약한 대학병원 신경외과 진료 일까지 기다리는 며칠간, 정말 지옥 같은 시간을 보냈다. 뇌종양이라면 수술할 수 있을까? 수술한다면 이후에 정신과 의사로 일할 수 있을까? 혹시 수술할 수 없다면 남은 시간을 어떻게 보내야 할까? 아이들은 나중에 날 기억할까? 최악의 생각들이

꼬리를 물며 이어졌고 겨우 잠든 후엔 악몽에 시달렸다. 생애 최고의 불안 속에 찾은 진료실에선 다행히 선천적으로 가지고 태어난 혈관종이며, 이미 내가 모르는 사이에 몇 차례의 작은 출혈이 있었다는 것, 그리고 치료할 방법은 없으나 평생 가지고 살아도 된다는 이야기를 들었다. 내가 군 면제 대상이었다는 사실은 꽤 충격적이었지만 억울함이나 안타까움이 그리 크지 않았다. 그와 비교할 수 없이 크게 행복했다. 없어질 것 같던 미래가 다시 생겼는데, 그깟 지나간 시간 정도야.

그날 진료실을 나오면서 분명히 스스로에게 다짐했다. 하루하루를 아끼고 소중하게 살겠다고. 내게 주어진 일상을 당연한 것으로 여기지 말고 감사하는 마음으로 매일을 살자고. 평생 잊지 않기로 마음먹었던 그 다짐은 바쁜 일상 속에 묻혀왔다.

ꠤ

매년 한 해를 마무리하는 시기가 다가오면, 어김없이 아쉬움에 사로잡힌다. 그렇게 다짐에 다짐을 해놓고선 올해도 똑같이 지나갔구나. 힘들다고 바닥에 누워 스마트폰만 보며 아이들과 놀아주지 못한 것, 건강을 챙기기 위해 운동을 시작하기로 마음먹었지만 전혀 실행에 옮기지 못한 것 등 후회되는 일만 가득이다. 하루하루를 아끼고 소중히 살겠다며?

그맘때면 나뿐 아니라 진료실에 찾아오는 분들 대부분이 지나간 한 해를 돌아본다. 누가 시키지 않아도 다들 그렇다. 그 중에서도 아무것도 한 것 없이 한 해가 끝났다는 생각에 특히 심한 우울감에 사로잡히는 분들이 있다. 그런데 이분들에게서 평소에 공통적으로 듣는 몇 가지 말이 있다.

"다들 공부 잘하고, 취직 잘하고, 승진 잘하고, 연애나 결혼 잘하고, 잘사는데 나만 부족한 것 같다"는 말. 이러한 인식은 때와 장소를 가리지 않으니 병원에서까지 이런 생각에 시달린다. 말 한마디 나눠보지 않은 다른 환자와 비교하며 스스로를 깎아 내린다.

"저만큼 한심한 사람은 없죠?"

"대기실에 있는 사람들 모두 다 저와 다르게 번듯해 보이더라고요."

스스로에게 너무 엄격한 기준을 들이대는, 그래서 항상 자기비난과 그에 이어지는 우울감을 지닌 이분들께는 종종 칭찬 일기 적어 보기를 권유한다. 그게 무엇이든 내가 잘한 것을 매일 세 개씩 적어 보기. 정말 간단한, 별 의미 없어 보이기 쉬운 '칭찬 일기'는 꾸준히 쓸 경우 습관으로 자리 잡은 지나친 자기비난을 줄일 수 있는 훌륭한 도구다. 하지만 정말 1분이면 충분할 것 같은 그 숙제가 평생 스스로를 혼내기만 하며 살아온 사람에겐 힘든 일인가 보다. 세 개를 채우지 못하는 일은 너무 흔하고, 고민 끝에 결국 빈칸으로 오는 경우도 있다.

　누구의 삶에도, 어떤 날에도 칭찬할 것 세 개씩은 매일 있다. 우울증으로 식욕이 없는 와중에도 밥을 챙겨 먹었고, 의욕 없는 상황에서도 공부나 일을 꾸준히 시도했다. 진료실에 앉아 있는 것 또한 크게 칭찬할 일이다. 질병의 다양한 증상들은 계속해서 치료를 피하게 만든다. 앞으로 낫지 않을 것 같다는 무망감(hopelessness), 길거리의 사람들만 봐도 올라오는 불안감, 침대에서 나오기 힘들게 만드는 무기력, 유치원 숙제 같은 이상한 일기 쓰기나 시키는 치료자에 대한 회의감까지, 그 모든 것을 이겨내고 이곳에 와 있지 않은가. 이런 말을 드리면 "그것들은 당연히 해야 하는 거고요, 칭찬할 일은 아니라고 생각해요"라는 대답이 돌아온다. 당연한 것인지도 잘 모르겠지만, 당연한 걸 해낸 것은 칭찬받으면 안 되는 것일까? 어쨌든 내가 노력해서 해낸 것들에 나 스스로를 잠시 칭찬해도 되지 않을까?

다시 한 번 강조하지만, 어떠한 삶에도 어떠한 날에도 칭찬할 것, 감사할 것 세 가지는 있다. 이는 진료실에서도, 나 자신에게도 자주 하는 말이다. 내가 못 이뤄낸 것이 있다고, 부족한 것이 많다고 그게 꼭 실패자의 인생인 것은 아니다. 너무 뻔한 말이지만, 기준을 어디에 두는지에 따라 내가 사는 세상이 다르게 보인다. 그리고 세상과 자신의 삶을 바라보는 이 기준을 바꾸어 나가는 데 칭찬 일기와 감사 일기만 한 것이 없다.

꾸준한 (절대 몇 번 적었다고 바뀌지 않는다) 칭찬 일기와 감사 일기를 적으며 내가 이미 가지고 있던 것들을 바라볼 때, 현실은 바뀌지 않아도 내가 보는 세상이 달라진다. 직장에서 동료와 마찰 때문에 힘들다, 가족과 불화가 있어서 괴롭다, 내가 이렇게 힘든 걸 아무도 몰라준다는 말만 하던 사람이 어느 날 갑자기 오늘 햇살이 기분 좋았다고 말한다. 직장 동료나 부모님의 모습이 여전히 불만스럽긴 하지만, 이전엔 안 보이던 그들이 날 위해 노력하는 부분이 아주 조금씩 보인다고 말한다. 부족하지만, 그래도 더 나아지기 위해 노력하는 내가 기특해 보이기 시작했다고 말한다.

한 해의 절반이 지난 지금 이 글을 보는 당신의 올해는 어땠는가? 완벽으로 가득 찬 시간을 보낸 사람은 아마 없을 것이다. 지난 시간이 너무도 최악이었기에 지금 이 순간에도 끔찍한 기억만 떠오르는 사람도 있을 것이다. 안타깝고 힘들지만, 고통스러운 기억도 눈 감지 말고 똑바로 바라봐야 한다. 실패를 바탕으로 더 발전해나가야 하니까. 다시 한번 지난 시간을 잘 돌아보자. 주의를 기울여 일부러 찾아보자. 좋았던 순간이, 성취한 것이, 힘든 와중에 결국 지켜낸 것들이 분명 있을 것이다. 수고했다고 말하며 스스로 칭찬하자. 그러면 올해가 최고의 해나 최악의 해가 아닌, 충분히 좋았던 한 해가 될 수 있지 않을까.

또한 당신은 당신의 삶을 어떻게 바라보고 있는가? 진료실에 오는, 특히 책을 많이 읽는 이들에게는 '자신의 부족함을 잘 알고 있다'는 공통점이 있다. 그렇기에 혹시 스스로의 부족한 면에만 시선을 집중하고 있지는 않은지 염려된다. 고백하건대, 그들이 꼽은 그 '부족한 면'이 내가 보기엔 단점이 아닐 때도 많다. 지금 이 글을 읽는 당신은, 이 글의 여기까지 읽은 당신은 스스로의 마음을 들여다보려고, 남의 마음을 이해하려고, 나와 남에게 더 좋은 사람이 되려고 노력하는 사람이다. 이미 충분히 좋은 사람이다.

과거 후회에서
벗어나기

"우리에겐 아이 때부터
현재에 집중하는 능력이 있었다"

"안타 안타 쌔리라 쌔리라"

처음 야구장에 다녀온 날, 아이들은 잠들기 직전까지 응원가를 불러댔다. 마치 승리의 기쁨에 신난 것 같았다. 자신과 동생 이외에 유일하게 이름을 읽을 수 있는 사람이 이대호였던 첫째는 입장 전 설레는 목소리로 말했다. "롯데가 14 대 0으로 이겼으면 좋겠어!" 하지만 현실은 잔혹한 법. 두산은 강했고, 우리 아이들의 첫 직관은 무기력한 대패로 끝났다. '첫 야구장 경험이 이렇게 되다니… 한화와의 경기를 예매했어야 했는데'(한화를 비하하는 뜻은 아니다. 조카가 응원하는 팀이며 조카와 우리 집 첫째는 서로 너네 팀이 꼴찌라며 놀리곤 한다.)란 후회에 한숨이 나오던 순간, "이길 때까지 오면 되겠네!"라며 웃으며 말하는 아이의 모습은 깨우침을 주었다. 같은 상황을 어쩜 이렇게 다르게 받아들일 수 있는 걸까? 롯데 팬 1년차여서? 아직 경쟁을 몰라서?

꼭 그 이유 때문만은 아닌 것 같다. 스포츠 경기장에 가보면 같은 결과에도 다양하게 반응하는 사람들을 보게 된다. 욕설을 퍼붓는 사람, 포기한 듯 일찍 나가는 사람, 멍하니 자리를 지키다 축 늘어진 채 나오는 사람. 그런데 이날 소수의 롯데 팬들이 유독 인상 깊게 내 눈에 들어왔다. 그들은 승리의 개선 행진을 하듯 신나게 응원가를 부르며 돌아가고 있었다. 바로 10분 전 패배에서 비롯되는 부정적 감정에 사로잡혀 있지 않았다. 마치 아이들처럼. 패배에 익숙한 꼴찌 팀 팬들의 정신승리 방식이라 해석될 수도 있지만, 정신과 의사인 내 눈엔 그들의 모습이 너무나 멋있게 보였다. 그들은 바로 현대 정신의학에서 그토록 강조하는 '지금 여기(Here and Now)'에 집중하며 살아가고 있었다.

사람의 생각은 자꾸만 과거와 미래로 향한다. 진료실에서 만나는 분들의 머리를 가득 채우고 있는 것은 대부분 그들의 과거와 미래다.

'그때 그렇게 하지 말았어야 했는데…. 그것만 아니었다면 지금 인생이 이렇지 않을 텐데.'

어린 시절의 갈림길에서부터 당장 오늘 아침의 선택까지. 과거를 끝없이 후회하고 자책하지만 바꿀 수 없기에 결국 돌아오는 것은 무력감과 우울감이다. 한편 예측할 수 없는 미래는 우리를 자꾸 불안하게 만든다. 불안에서 벗어나기 위해 온갖 노력을 하고 나름 완벽히 대비해보기도 하지만, 절대 예측대로만 흐르지 않는 것이 인생이다. 그렇게 우리는 살아가고 있는 현재를 우울과 불안으로 채운다. 너무도 소중한, 다시 돌아오지 않을 지금 바로 이 순간을. 이를 뒤집어 이야기하면, 우울과 불안에서 벗어나기 위해선 현재에 집중해야 한다. 과거와 미래가 아닌 '지금, 바로 여기'에.

＋

과거에서 헤어나지 못하던 P씨의 이야기다. 하루에도 몇 번씩 P씨의 생각은 과거로 흘러 부족했던 자신을 탓했다. 20대 중반에도 그는 여전히 학창 시절 기억 속에 살고 있었다. 그러던 그가 어느 날 말했다.

"지난주에는 야구장에 다녀왔는데, 야구 같은 인생을 살고 싶다 생각했어요."

"네? 그게 무슨 뜻이에요?"

"뭔가 깨닫게 되더라고요. 방금 전 회까지 지고 있어도 이번 회에 뒤집기 위해 최선을 다하고, 전 시즌 꼴찌를 해도 이번 시즌에는 또 새롭게 열심히 하잖아요."

P씨의 말 속엔 스스로 하위권이라 느끼는 현재의 인생을 리셋하고 싶다는 뜻이 숨어 있었을지도 모른다. 물론 그런 면에서는 야구와 인생이 분명히 다르다. 새 시즌이 시작되며 전년도 순위가 큰 의미 없어지는 야구와 달리, 인생은 조금 더 연속선상에 있으니까. 하지만 그가 야구에서 주목한 점은 팀 순위와 스코어가 어떻든 현재에 최선을 다하는 모습이었다. 그 뒤로 P씨는 약간씩 변하기 시작했다. 과거가 아닌 현재에 머무르는 시간이 늘어난 것이다.

P씨가 찾아낸 현재에 집중하는 삶의 롤 모델인 야구선수, 그중에서도 진정 과거를 잘 털어내는 사람이 있으니 바로 류현진 투수다. 직접 이야기를 나누어본 적은 없지만 그의 인터뷰에는 현재에 집중하는 삶의 태도가 그대로 드러난다. 홈런을 잘 맞지도 않지만, 가끔 허용했을 때의 인터뷰는 이런 식이다.

"홈런 맞은 공은 실투였는지?"

"아니다. 잘 던졌는데, 상대방이 잘 쳤다."

참 간단하면서도 대단한 사고방식이다. 내 탓이 아니기 때문에, 자책하며 과거에 매여 있지 않는다. 그의 그런 태도는 지나간 타자가 아닌 눈앞의 타자에 집중할 수 있게 만든다. 인터뷰를 하나만 더 인용해보겠다. 호투를 이어가던 2019년 시즌 중반, 야구팬들은 그의 부진했던 특정 경기를 아쉬워했다. '그 경기만 아니었다면 정말 전설적인 시즌일 텐데.' 기자가 그 심정을 고스란히 담은 질문을 던졌다.

"이렇게 잘하는데, 쿠어스필드 부진 한 번이 큰 타격이 됐다."

"올해 지우고 싶은 것이 있다면 딱 그거 한 가지다. 그러나 그런 경기가 있어야 다음 경기에 집중할 수 있고, 한 번씩 당하면 집중하는 계기도 된다."

그도 사람인지라 후회는 하는가 보다. 하지만 약간의 남탓과 약간의 자기합리화를 통해 더 이상 과거에 머물지 않게 만드는 사고방식. 이것이 그를 비슷한 피지컬의 다른 선수보다 더 특별한 투수로 만든 원동력일 것이다.

우리는 야구 같은 인생을 살아야 한다. 지나간 과거가 어쨌든 다음 타자가 누구든 현재에 집중해야 최선의 결과를 얻을 수 있다는 사실을 계속 상기해야 한다. 이번 인생은 글렀다는 말을 많이 듣는다. 하지만 9회 중 2, 3회에 야구장에서 나가는 사람은 없다. 초반에 많은 것이 결정되는 것이 사실이지만, 그래도 심심찮게 역전 경기가 나오기 때문이다. 집중력 있는 한 회가 경기를 뒤집는다. 우리도 현재에 집중함으로써 같은 시간을 훨씬 길게, 알차게 살아낼 수 있다.

문제는 알아도 쉽지 않다는 것이다. 파도에 휩쓸리는 돛단배처럼 우리의 생각은 자꾸만 과거와 미래로 휩쓸려간다. 하지만 불가능하진 않다. 우리에겐 아이 때부터 현재에 집중하는 능력이 있었다. 다만 그 방법을 잊었을 뿐이다.

내가 지금 놓치고 있는
눈앞의 것들

"우리는 자동조종상태에 빠져
과거와 미래의 잡념으로
현재를 채우고 있다"

"점심엔 뭘 드셨어요? 반찬이 뭐였어요?"

"네? 아… 그게 뭐였지? 잠깐만요. 이게 왜 금방 안 떠오르지?"

진료실에서 자주 만나는 과거와 미래에 사는 사람들. 가끔씩 그들에게 던지는 질문과 흔히 돌아오는 당황하는 반응이다.

역시 이 질문에 쉽게 대답하지 못했던 30대 남성 T씨의 이야기다. 어린 시절 집안이 경제적으로 어려워진 뒤 T씨는 미래의 행복을 위해 누구보다도 열심히 달리기 시작했다. 학교를 다니면서도, 직장을 다니면서도 아르바이트를 했다. 당연히 주말은 없었다. 삶의 방식은 그가 새 가정을 이루고 또래들에 비해 경제적으로 안정되었음에도 바뀌지 않았다. 만족할 줄 모르는 사람이어서가 아니다. 어린 시절부터 희망하던 것들을 이젠 성취했다는 것을 T씨도 누구보다 잘 알고 있었다. 하지만 오랫동안 미래의 행복만 바라보며 달리던 T씨는 현재에 머무르는 방법을 잊었다. 그의 쉼 없는 질주는 공황장애라는 브레이크에 의해서야 비로소 멈춰졌다.

왜 많은 사람이 몇 시간 전 식사 메뉴도 잘 떠올리지 못하는지, 이게 왜 현재에 머물러야 한다는 말과 이어지는지 알려면 '마음챙김(mindfulness)'을 이해해야 한다. 마음챙김 개념은 직접 체험함으로써 훨씬 잘 받아들일 수 있기에 입문 단계인 건포도 명상을 소개해보겠다.

건포도가 있다면 한번 시도해보라. 없거나 먹지 못한다면 다른 것도 괜찮다. 아몬드 명상, 햄버거 명상, 쌀밥 명상, 땅콩 명상. 모두 가능하다.

지시문 사이에 적어도 10초간 멈추며 천천히 진행해야 한다.

건포도 명상

건포도 하나에 집중하면서 이것을 전에 한 번도 본 적 없다고 상상해보세요.

한 알을 잡아서 손바닥 위에 올려보세요.

그것에 주의를 집중하세요.

이것을 전에는 절대로 본 적이 없는 것처럼 주의 깊게 바라보세요.

손가락 사이로 뒤집어 보고, 질감을 느껴 보세요.

빛에 비춰 밝은 부분과 움푹 들어간 주름을 살펴보세요.

건포도의 모든 부분을 지금까지 한 번도 본 적 없는 것처럼 탐색해보세요.

'지금 이걸 대체 왜 하는 거지?' 같은 생각이 든다면, 그 생각이 들었다는 사실을 단지 알아차리고 주의를 다시 건포도에 되돌려보세요.

이제 건포도의 냄새를 맡아보세요.

침이 고이는지 주목하면서 이제 천천히 건포도를 당신의 입으로 가져가세요.

건포도를 부드럽게 입으로 가져가서 입안에서 생기는 감각을 느껴보세요.

의식적으로 건포도를 씹어 보고 풍겨 나오는 맛에 주목해보세요.

입안에 생기는 침과 변화되는 건포도의 밀도에 주목하면서 천천히 씹어보세요.

건포도를 삼킬 준비가 되었다고 느끼면, 실제로 삼키기 전에 삼키려는 의도를 먼저 감지했는지 살펴보세요.

마지막으로 삼킬 때 느껴지는 감각을 따라가 보세요.

식도를 지나 위로 내려가는 것을 느껴보세요.

어땠는가? 색다른 경험이었을 것이다. 명상 자체가 처음인 사람도 많을 것이고, 특히 음식으로 명상을 한 경험이 거의 없을 것이다. 이 간단하고 특이한 명상은 각자가 어떤 방식으로 삶을 살아가고 있었는지에 관해 여러 정보를 제공한다.

강연장에서 건포도 명상을 할 때 매번 관찰되는 부류의 사람이 있다. 다들 냄새를 맡는데 입에 넣은 사람은 흔하며, 심지어는 손에 들어온 즉시 자연스럽게 먹어버려 추가로 받는 사람도 항상 있다. 이는 자동조종상태에 빠져 있기 때문이다. 운전자가 손을 놓아도 굴러가는 자율 주행 자동차처럼, 우리의 생각과 행동 중 상당 부분이 의식 밖에서 자동으로 굴러간다. 아침 출근길에 대해 깊이 고민하지 않아도, 기계처럼 움직인 우리는 어느새 사무실 자리에 앉아 있다. 점심시간엔 오후에 해야 할 업무를 생각하며, 저녁에는 그날 있었던 일을 돌이키며 눈앞에 있는 무언가를 먹는다. 일 생각을 하기 싫을 땐 동영상을 보며 먹는다. 고작 건포도 한 알에도 이렇게 큰 풍미가 담겨 있는데, 다양한 재료로 만든 음식을 제대로 느끼지 못하고 그냥 삼켜버린다.

✛

　명상 도중에 스스로를 괴롭히는 사람도 있다. 내가 잘하고 있는 것인지 자꾸만 두리번거리고, 여러 잡념이 떠올라 '난 이거 하나도 잘 못하네'라며 자책하기도 한다. 일상에서 우리는 얼마나 자주 현재의 일에서 주의를 놓치는가? 자꾸만 드는 과거나 미래에 관한 생각들로 일과 공부에 집중하지 못하고, 그런 스스로를 또 탓한다. 그럴 땐 이 건포도 명상의 지시문처럼 '아, 내가 지금 이런 생각들이 드는구나'라고 '비판단적으로(non-judgemental)' 단지 알아차리기만 하고 다시금 일부러 주의를 현재로 돌리면 된다. 그럴 때마다 내 탓을 하는 것은 아무 도움이 되지 않는 것을 넘어, 큰 방해가 된다는 것을 우리는 모두 알고 있다.

이렇듯 우리는 자동조종상태에 빠져 지금 눈앞의 것들을 느끼지 못하는 채, 과거와 미래의 잡념으로 현재를 채우고 있다. 그렇게 놓치는 '지금 눈앞의 것들'에는 무엇이 있을까?

시각장애인은 눈을 통해서 볼 수 있는 권리를 잃은 사람이다. 하지만 현대인 대부분은 보지 않아도 되는 것을 거부할 자유를 자발적으로 포기하고 사는 듯하다. 그래서 정작 보아야 할 것들, 부모의 사랑을 갈망하는 아이들의 눈빛, 화가 났을 때도 감출 수 없는 엄마의 애틋한 표정, 외로움으로 어두워진 배우자의 얼굴빛 등을 보지 못한다. 대중매체나 소셜 네트워크에 사로잡히기 쉬운 오늘, 거기에서 눈을 떼고 사랑하는 이들의 얼굴을 자세히, 더 자주 바라본다면, 세상의 '소음'에서 빠져나와 우리에게 소중한 '신호'를 더 의식하는 삶을 살 수 있지 않을까.
– 신순규, 《눈 감으면 보이는 것들》 중에서

우리를 자동조종상태로 몰아넣는 것은 과거와 미래에서 온 잡념만이 아니다. 지금 내 눈앞에 있는 '과도한 자극' 또한 마음챙김을 방해하는 요소다. 세상의 소음. 거리의 화려한 광고판,

챙겨봐야 할 듯한 텔레비전 프로그램, 계속해서 울리는 스마트폰 메시지. 눈으로 들어오는 수많은 자극을 처리하느라 뇌가 바쁘다. 그리고 그 강한 자극에 밀려 정작 중요한 것을 보지 못한다. 지금 내 눈앞에 있는 소중한 것들을.

마음챙김은 우리 일상의 순간순간을 건포도 명상하듯 충실하게 현재에 집중하며 살아가도록 도와주는 도구다. '지금 여기'에 특별히 주의를 기울임으로써 자동조종에서 빠져나오도록, 계속해서 밀려오는 잡념의 파도에 휩쓸려가지 않도록 도와준다. 세상의 소음에 휩쓸려 정작 소중한 것을 놓치지 않도록 이끌어준다.

÷

정신과 의사가 왜 명상을 이토록 강조할까. 마음챙김 명상은 미국 매사추세츠의과대학의 존 카밧진(Jon Kabat-Zinn) 교수가 동양 불교의 개념을 따와 만든 것으로, 오늘날 정신과 치료 영역에서 널리 쓰이고 있다. 우울증, 불면증, 심지어 신체 통증에까지 그 치료 효과가 과학적으로 입증되었다. 진료실에서 뵙는 분들은 보통 사람보다 생각의 양이 많다. 과거를 후회하고 미래를 걱정하며 타인이 나를 어떻게 생각할지를 그 사람보다 더 열심히 생각한다. 적당함을 지나친 이런 과도하고 불필요한 생각은 뇌에 과부하를 일으켜 다양한 증상을 만든다. 마음챙김은 마치 컴퓨터의 필요 없는 프로그램들을 정리하듯 생각의 양을 줄여 뇌가 안정을 찾도록 해준다. 오늘 남은 식사 시간, 무엇을 먹든 여태껏 그 어떤 끼니보다 더 집중해보기를, 마음을 가득 채운 생각들을 비워내며 음식 맛을 음미해보기를 권한다.

왜 우리는 지금 여기에
머무르지 못할까

"일상에서는 그렇게 마음먹어도
매번 실패하던 것이,
왜 여행에서는 가능해지는 걸까?"

　우리 모두가 가장 현재에 집중하는, 마음챙김이 잘 될 때는 언제일까? 여러 순간이 있겠지만, 대표적으로 여행을 꼽을 수 있다.

　작년 봄, 짧은 휴가를 내 싱가포르로 가족 여행을 떠났다. 들뜬 아이들을 비행기에서 겨우 재운 뒤 내 머릿속에는 자연스럽게 도착 후에 할 일들이 떠올랐다. 미래로 향하던 생각이 너무 멀리 흐른 걸까. 벌써부터 귀국 후의 일정을 체크해보던 중 마음이 덜컥 내려앉았다. 다음 주 오후 강연 스케줄을 까맣게 잊고 야간진료까지 예약을 꽉 채워 잡아둔 사실을 깨닫게 된 까닭이었다. '이런 멍청이 같으니라고, 잊을 걸 잊어야지!' 계속되는 자책, 후회, 걱정으로 남은 비행시간을 채웠다. 내 마음을 차지한 그것들은 비행기에서 따라 내려 여행지를 졸졸 쫓아다녔다. 이런 마음 상태로는 여행을 즐길 수 없었다. 신이 나서 놀아달라는 아이들에게 짜증을 내고 있었다. 답답하면서도 방도가 없었다. 휴가가 끝나고 환자들에게 일일이 연락해 예약 시간을 조정하기 전까진 할 수 있는 것이 없었다. 가만, 내가 어찌 할 수 없는 것들로 불안해하고 있다니!

분명 익숙한 상황이었다. 진료실에서 매일같이 듣는 이야기들. 이미 지나간 과거를 후회하고 오지 않은 미래를 걱정하며 현재를 괴롭게 보내고 있는 사람들의 이야기. 이럴 때 나는 어떻게 말했었나. 이미 내 손을 떠난 상황에 대해선 최대한 내려놓고, 현재를 충실하게 보내야 한다고 수없이 말해왔다. 그 말을 다름 아닌 나 자신에게 적용해야 할 순간이었다. 그 뒤로 여행 내내, 그 순간과 그 장소에 내 마음을 머무르게 하려고 꾸준히 노력했다. 빈틈을 노린 자책과 불안이 자주 쳐들어왔지만, 그 공격을 알아챌 때마다 스스로에게 '내 손을 떠난 일이야. 가서 걱정하자'라고 말하며 벗어났다. 분명 예전의 나였다면 여행을 망쳤을 텐데, 꽤 즐거운 시간을 보낼 수 있었다. 귀국 후엔 걱정과 달리 모든 환자가 기꺼이 예약 변경에 응해준 덕에 어떠한 문제도 일어나지 않았다.

·+·

마음챙김을 실생활에 적용한 싱가포르 여행 경험은 내게 상당히 고무적이었다. 중이 제 머리 못 깎는다고, 마음 다스리기는 그간 내게 너무도 어려운 숙제였기 때문이다. 스스로의 마음을 조절할 수 있는 조금 더 성숙한 사람이 되었다는 생각에 뿌듯했다. 나 혼자만의 느낌은 아니었다. 아내 또한 이런 내 변화가 놀라웠는지 돌아오는 비행기에서 "김지용 조금 컸네"라고 말해주었다. 그런데 귀국 후 일상을 지내다 보니 여전히 후회하며 자책하는 과거의 내 모습을 자주 만나게 됐다.

왜지? 왜 다시 퇴보했지? 한 단계 성장한 줄 알았는데. 그러다 읽은 김영하 작가의 《여행의 이유》에서 내 의문에 답을 주는 구절을 만났다.

무슨 이유에서든지 어딘가로 떠나는 사람은 현재 안에 머물게 된다. 보통의 인간들 역시 현재를 살아가지만 머릿속은 과거와 미래에 대한 후회와 불안으로 가득하다. 여행은 그런 우리를 이미 지나가버린 과거와 아직 오지 않은 미래로부터 끌어내 현재로 데려다 놓는다.

그렇다. 아쉽게도 내가 성장했다기보다 여행의 힘이 컸던 것이다. 그렇다면 여행의 어떤 부분이 이런 작용을 만들어내는 걸까? 우선, 그렇게 마음먹고 가기 때문일 것이다. 잠시 과거와 미래의 번민에서 벗어나 현재를 즐기고 오기로. 하지만 일상에서는 그렇게 마음먹어도 매번 실패하던 것이, 왜 여행에서는 가능해지는 걸까? 여행지에는 자꾸만 쳐들어오는 번민들을 막아주는 장벽이 있으니, 그것은 바로 여행지의 새로움이다. 지내던 곳과 다른 날씨, 음식, 처음 보는 풍경은 그 장소와 순간에 빠져들게 만든다.

이를 뒤집어 생각해보면, 우리가 일상에서 '지금 여기'에 머무르지 못하는 이유는 '새롭고 신기하지 않아서'다. 일상의 익숙함 속에서 우리는 자동조종상태에 빠지고, 자동적으로 흘러가는 생각은 습관처럼 또 과거와 미래로 향한다.

잘해봐야 1년에 1주일 혹은 2주일 정도 휴가를 낼 뿐, 매일 같은 일상을 반복할 수밖에 없는 것이 우리 삶이다. 그러면 정녕 답이 없는 걸까? 앞서 소개한 건포도 명상에서 힌트를 찾아보자. 이전에 자주 먹었던 건포도지만, 태어나서 처음 보는 것처럼 주의를 집중하며 바라보았을 때 신기하고 색다른 경험을 할 수 있었다. 새로울 것 하나 없어 보이던 일상에도 건포도 명상처럼 호기심과 주의를 기울이면, 작은 순간순간을 여행처럼 살아내려 시도해보면, 많은 것이 달라진다.

⊹

"우리 집 앞 귤나무에 귤이 열렸어!"

몇 달 전, 첫째 아이의 말을 그냥 흘려들었다. 서울의 아파트에 무슨 귤나무란 말인가. 예전 제주도에서 귤 따기 체험을 했던 추억과 상상이 결부된 것이라 생각했다. 그래, 그럴 나이지. 아니면 감나무가 한 그루 있긴 하니, 그걸 착각했던가. 하지만 다음 날 출근길에 정말 작은 귤나무가 아파트 현관 바로 앞에 있다는 사실에 나는 정말 크게 놀랐다. 아니, 나는 왜 이걸 못 봤지? 그것은 내가 매일 아침마다 자동조종상태에 빠져 있었기 때문이다. '더 빨리 준비했어야 했는데! 첫 진료 시간에 늦으면 어쩌지?'라는 과거와 미래에 관한 생각에 빠진 채 집부터 지하철

역까지 기계처럼 움직였기 때문이다. 출근길과 다른 방향으로 고개 한번 돌리지 못했던 것이다. 그 일이 있은 뒤로 특별히 볼 것도 없는 핸드폰 화면을 넘기며 걷던 습관에서 벗어나려 노력하고 있다. 고개를 들어 주변을 처음 바라보는 것처럼 살펴보면 꽤 놀랍다. 그 자리에 항상 있던 얼마나 많은 것을 나는 보지 못하고 있었던가.

생각이 현재에 머물러야 하는 이유를 설명하고 마음챙김을 소개했지만, 앞에서도 언급했듯 나 역시 수련이 많이 부족한 사람이다. 성격이 급해 현재에 잘 머물지 못한다. 이는 운전할 때 잘 드러나 차선을 자주 바꾼다. (변명하자면 매번 깜빡이는 미리 켠다.) 출발 전 내비게이션에 1시간 예상된 길을 55분 만에 도착하면 마치 대단한 걸 이룬 것 같아 괜히 기분이 좋아진다.

예전에 한 텔레비전 프로그램에 출연해 스마트폰을 과도하게 잡고 사는 연예인의 일상을 분석한 적이 있었다. 그는 매니저가 운전하는 차 안에서 포털 사이트에 올라온 여러 동영상들만 내내 보았다. 이동하는 시간을 낭비하지 않고 알차게 보냈다는 그에게, 나는 당신의 가장 가까운 사람인 매니저와 이야기를 나눌 수 있지도 않았겠냐고 반문했다. 그런데 막상 나는 어떠한가? 미래의 5분을 벌고자 내게 가장 소중한 사람인 차 뒷좌석의

258

아이들과 대화 나눌 현재의 55분을 버리고 있었다.

　이런 것을 알면서도 또 반복한다. 아직도 자주 맑은 하늘 대신 스마트폰만 보며 길을 걷고, 놀러가는 즐거운 길에서도 돌아올 때 막힐 길을 생각하며 스스로 마음을 무겁게 만든다. 이는 사고방식이 일종의 습관이기 때문이다. 습관은 잘 바뀌지 않고 나도 모르게 반복된다. 하지만 꾸준한 노력을 통해 결국 바뀔 수 있는 것이 습관이다. 일부러, 의식적으로 앞서 소개했던 류현진처럼 생각하자. 마음챙심을 시도하사. 잘 안 되어도 또다시 도전하자. 꾸준한 노력을 통해 단단해지는 마음 근육이 내 사고방식을 결국엔 바꿔낸다.

　앞서 소개한 싱가포르 여행에서 내게 닥쳤던 위기는 정말 사소하고 흔한 것이다. 위기 상황이었다며 책에 소개하는 것이 부끄럽다고 느껴질 만큼. 우리 삶에선 이보다 훨씬 큰, 내 손으로는 어떻게 할 수 없어 보이는 위기들이 자주 찾아온다. 지금 산더미 같은 걱정이 당신 앞에 있는가? 그렇다면 한번 차분히 생각해보자. 분명히 그중 상당수는 손을 떠난 문제일 것이다. 퇴근 후에, 주말에는 어쩔 수 없는 일일 것이다. 그렇다면 뒤로 미루자. 내일 일은 내일 걱정하자. 그리고 지금 이 순간에 집중하자.

　글 막바지에 온 지금 내게 어떠한 생각이 떠오르는지 마음을 챙겨본다. 사실 지금 이 순간에도 후회가 든다. 매주 글을 쓰는 것이 힘들다. 괜히 쓴다고 했나? 어느덧 늦은 밤인데 내일 진료할 때 집중력이 떨어지진 않을까? 아… 한숨이 나온다. 기분이 가라앉고, 짜증이 난다. 하지만 마음챙김을 연습하는 나는 더 이상 이 감정들에 휩쓸리지 않는다. 휩쓸리려는 순간, 알아채고 벗어날 수 있게 되었다. '그래, 그렇구나. 이런 생각이 드는구나. 그렇다면 더 글에 집중해 빨리 마무리 짓고 자야겠구나.'

지금 이 글을 읽는 당신의 현재 마음은 어떠한가? 한번 스스로 들여다보자. '도움이 되는 좋은 글을 읽었구나!' 싶으면 좋겠지만 '오늘도 독서에 온전히 집중하지 못하고 계속 스마트폰을 들여다보느라 겨우 이것밖에 읽지 못했구나. 하루가 망했다' 같은 생각이 이어지고 있을지도 모른다.

아니다. 망하지 않았다. 이렇게 생각해보자. '그렇구나, 망했다는 생각이 드는구나. 내가 또 매번 하던 대로 생각하고 있었구나. 그러면 이제 다시 현재에 집중해야겠구나'라고.

∻

진료실에서 칭찬 일기와 감사 일기, 그리고 마음챙김으로 현재의 행복에 집중해보라는 이야기를 하면 다양한 대답이 되돌아온다. 아무리 찾아도 현재에 행복이 없다는 대답을 자주 듣는다. 선생님은 부족한 게 없으니까, 가진 게 많은 사람이니까 행복하단 말을 할 수 있는 것 아니냐는 반응도 접한다. 현재의 행복을 찾아봐야 찰나의 것이고 지속될 수 없는데 무슨 의미가 있느냐는 말도 듣는다.

그런데 애초에 지속이 보장된 행복이란 게 존재할까? 돈이 많으면 가능할까? 돈을 많이 내면 가입할 수 있는 행복 보장 상품이 있다면 모를까. 경제적 능력과 행복이 반드시 비례하지 않는다는 것은 많은 연구를 통해 입증된 사실이다.

행복은 절대 지속될 수 없기에 더더욱 현재의 작은 행복을 찾아내고 그것을 집중하며 느껴야 한다. 몇몇 분들이 말한 대로 내가 가진 게 많은 사람이기에 이런 말을 할 여유가 있는 것일지도 모른다. 집도 있고 병원도 있다. 둘 다 가진 지 얼마 지나지 않았고 덕분에 빚도 많지만, 조금씩 갚아 나갈 능력이 있기에 행복하다. 최근엔 코로나 바이러스의 영향으로 병원 예약을 취소하시는 분도 많고, 빈 진료실에 혼자 있는 시간이 늘어나 불안할 때도 있었지만 그래도 괜찮다. 아직까진 불안을 뛰어 넘어 병원에 찾아와주시는 분들이 더 많으니까. 앞으로 어떤 미래가 찾아올지는 모른다. 상상하기 싫은 미래가 내게 닥쳐올 수도 있다. 행복을 찾기 어려운 상황에 처할지도 모른다. 하지만 내가 조건 없이 감사하고 행복할 줄 아는 사람이 되어 있다면, 그 상황에서도 어떻게든 '작은 행복'을 찾아내지 않을까?

현재 내게 있는 것들 중 단연 최고는 아이들이다. 물론 아이들은 내 소유가 아니다. 또한 주변에선 "아들들이 아빠를 좋아해주는 시간이 얼마 남지 않았다"고, "다 의미 없다"는 말을 들려준다. 아마 시간이 얼마 남지 않았다는 말은 맞을 것 같다. 모두가 그랬다고 하니까. 하지만 의미 없는 것은 아니라고 생각한다. 지금 행복하니까 그걸로 됐다. 나중엔 또 나중의 행복을 찾을 수 있지 않을까? 강아지를 키울 수도 있고, 지금 못 하는 게임을 시작할 수도 있고, 아내와 더 많은 곳을 다니며 함께 시간을 보낼 수도 있고. 그 또한 기대가 된다.

5

_____

나는 매일
편견과 싸운다

뇌부자들을
계속하는 이유

"정신과 의사가 된 그날부터
자주 화가 났다"

얼마 전 오랜만에 만난 대학 친구가 내게 물어보았다.

"계속해서 〈뇌부자들〉 활동하는 이유가 뭐야? 안 지쳐?"

요 몇 년간의 내 모습이 대학교와 대학병원 친구들에게는 많이 어색할 것 같다. 조선시대 한량을 보는 것 같다는 말을 듣던 내가 누구보다 열정적으로 바쁘게 사는 모습이 나조차 어색할 때가 있다. 〈뇌부자들〉 활동을 한 지 만 3년이 지났다. 그 길다면 길고 짧다면 짧은 시간 동안 정말 많은 노력과 열정을 쏟았다. 야간진료가 끝난 후 멤버들과 모여 자정이 넘도록 녹음을 하고, 며칠 뒤 또 만나 오전 진료 전 새벽 시간에 촬영을 한다. 전문적인 내용을 다루는 것이라 혹시 모를 오류를 최소화하기 위해 대본 준비도 철저하게 한다. 채널 관리도 해야 한다. 음원과 영상 파일, SNS도 관리한다. 들어오는 협업 제안 중 〈뇌부자들〉을 알릴 수 있는 곳이라면 방송에도 출연하고, 일간지나 웹진에 글도 기고한다. 물론 진료라는 본업에 소홀해서는 안 된다. 그리고 무엇보다 남편이자 아빠의 역할이 가장 중요하고 소중하다.

그런데 〈뇌부자들〉 활동이 다양해지고 폭넓어질수록 본업과 개인의 삶에 지장을 주는 정도가 점점 커지는 걸 느낀다. 진료를 볼 때 피곤함을 느끼기도 하고, 퇴근 후에나 휴일에도 항상 해야 할 일이 쌓여 있어 아이들과 마음 편히 시간을 보내지 못할 때가 잦다. 휴가지에도 노트북을 들고 가서 아이들이 잠든 후 밀린 일을 한다. 일이 없을 때가 없다.

그렇게 힘들면 줄이면 되는데, 〈뇌부자들〉 일을 왜 이토록 열심히 하는 걸까? 친구가 던진 질문에 덧붙여 나 스스로에게 묻는다. 그리고 대답한다.

"음… 나도 생각해봤는데 일단 일이 너무 커져서 갑자기 내려놓기 힘들어진 면이 있어. 그런데 무엇보다 제일 큰 원동력은 분노인 것 같아. 화가 나서 계속하는 것 같아."

친구들, 진료실 안팎에서 만난 사람들, 〈뇌부자들〉 청취자들이 궁금해하며 묻던 이 열정의 정체. 멤버들마다 '열심히 하는' 이유는 제각각 다르지만, 나는 분노가 크다. 정신과 의사가 된 그날부터 자주 화가 났다.

÷

나는 무엇에 화가 나는 걸까. 수많은 환자와 가족의 삶을 망가뜨리는 정신 질환. 그 정신 질환에 화를 낼 수는 없다. 화내봐야 무슨 의미가 있으랴. 나는 그 정신 질환의 수렁을 더 깊게 만드는 잘못된 인식과 편견들, 그리고 자신의 이익을 위해 그런 인식과 편견을 조장하고 부각시켜 이용하는 사람들에게 화가 난다.

출퇴근길 지하철역 통로에는 베스트셀러들을 올려놓은 가판대가 있다. 출근길에 운 없게도 그 속에서 가짜 전문가들의 헛소리가 적힌 책을 본 날은 하루 시작부터 화가 난다. 가짜 전문가들만 헛소리를 하는 것은 아니다. 때로는 진짜 전문가 자격증을 지닌 이도 마치 엄청난 양심고백을 하듯 사실에 반하는 터

무니없는 주장을 길게도 적어 놓곤 한다. 그땐 더 화가 난다. 이들은 하나같이 기존 의학 체계의 불완전함을 공격한다. 물론 의학이 불가침의 성역은 아니다. 실제로 불완전한 부분이 많기에 비판의 목소리가 나올 수밖에 없고, 건강한 비판은 발전을 위해 필수적이다. 하지만 그들의 비판에는 다른 의도가 섞여 있는 경우가 대부분이다. 엉터리 내용의 책을 팔아 강연을 하며, 결국 자신이 추천하는 영양제나 건강보조식품, 개발했다는 약 등을 판매한다.

진료실에서, 주변 권유로 한 달에 수백만 원이 넘는 치료를 병행하게 되었다는 말을 들을 때 가장 화가 난다. 그쪽에선 기존에 내가 처방한 약과 같이 먹어도 아무 상관없다고 말했다 한다. 입 밖으로 새어 나올 뻔한 욕을 눌러 담으며 차분히 설명한다.

"그쪽 약이 실제로 효과가 있을지도 모릅니다. 하지만 효과가 없을 수도 있어요. 둘 중 무엇이 정답일지 알 수 없습니다. 왜냐하면 효과를 객관적으로 평가한 데이터가 없으니까. 뿐만 아니라 그쪽 약과 제가 처방한 약을 병용해도 괜찮다는 것을 증명한 데이터는 이 세상 어디에도 없습니다. 상호작용을 일으켜 기존 치료약의 효과를 떨어뜨릴 수도 있고, 간이나 콩팥을 상하게 할 수도 있어요. 병용을 권하진 않으니 가능하면 환불받으셨으면 합니다."

　　최종 선택권은 환자에게 있으니 가족과 잘 상의해 두 치료 방법 중 한 가지를 선택하셨으면 한다는 말도 덧붙인다. 다음 진료 시간에 온 환자가 전하는 이야기는 매번 비슷하다. 체질에 맞춘 약이라 환불이 불가하다고 한다.

　　나는 이런 상황들에 왜 이리 화가 날까. 한두 번도 아니고 이제는 익숙해질 법도 한데. 그들이 얻을 돈이나 영예가 부러워서는 아니다. 또다시 수렁에 빠질 환자와 가족들의 모습이 떠올라서다. 정신과 의사가 된 직후부터 정말 자주 접했던 그 모습이 선하다.

⁂

　　전공의 시절 만난 환자 중 내 개인 SNS에 메시지를 보내는 분이 더러 있다. 따로 계정을 알려드리진 않지만, 찾아내 연락을 준다. 그중엔 너무 반가운 소식도 있다. 전공의 때 입원 병동에서 한 달 넘게 같이 지냈던 분께서 몇 년이 지나 메시지를 보내왔다. 천둥 번개가 치던 날, 크게 웃으며 자신이 내린 것이라 주장하던 그는 이후로 단 한 차례의 재발도 없이 명문대에 입학해 열심히 공부하는 중이라고 했다. 성공한 모습으로 인사하러 오고 싶다고도 했다. 내가 누군가의 인생에 도움이 되었다는 생각에 뿌듯하다. 하지만 안 좋은 소식도 있다. 비슷한 시기에 만났던 다른 분이 보낸 메시지는 글 자체가 해석하기 힘들다. 조현병의 특징적 증상인 와해된 언어가 한눈에 보인다. 걱정되는 마음에 그분의 SNS에 들어가 본다. 역시 해석하기 어려운, 망상이 가득한 글들이 보인다. 아… 안타깝다. 저절로 한숨이 나온다. 왜 아직까지 망상의 세계에서 헤매고 계신 걸까.

동일한 정신 질환을 진단받더라도 환자에 따라 질병의 경과는 매우 다르다. 조현병 역시 그렇다. 그렇다고 해도 같은 의사에게서 비슷한 기간 동안 입원 치료를 받은 이 두 분의 현재 차이는 그저 유전자에 의한 것, 그것이 전부라고 봐야 할까? 그저 타고난 운명 같은 것이라며 받아들여야만 할까?

현대 의학은 지속적으로 대규모 연구들을 통해 질병의 예후에 영향을 미치는 객관적 요인을 속속 밝혀왔다. 그중 발병 연령, 가족력 여부 등은 자신이 선택할 수 없고 사회가 예방해줄 수 없는, 어찌 보면 운명 같은 것일지 모른다. (대부분의 정신 질환이 어린 나이에 발병할수록, 가족력이 많을수록 예후가 좋지 않다.) 하지만 타고난 것이 전부는 아니다. 발병 이후의 대처 방안에 따라 예후가 크게 달라진다. 대표적 예후 예측인자가 DUP(Duration of Untreated Psychosis: 조현병 발병 후 치료를 시작하기까지 걸리는 시간)인데, 우리나라의 경우 56주 정도로 WHO에서 추천하는 12주에 비해 한참 길다. 치료가 늦게 시작될수록 그 사이 손상된 뇌는 약물치료를 시행해도 잘 호전되지 않는다. 암을 초기에 진단하고 치료를 시작해야 하는 것과 똑같은 이치다. 그런데 암의 조기 발견을 위해서 전 국민이 노력과 투자를 아끼지 않는 우리나라에서, 암만큼 위험한 질환의 DUP는 왜 이토록 긴 것일까? 이역시 정신과에 대한 오해와 편견, 그것 때문이다.

정신과의 높은 문턱을 넘어 정확한 진단을 받고 치료가 시작되면, 그걸로 문제가 끝난다면 좋겠다. 하지만 말 그대로 시작일 뿐이다. 조현병을 진단받은 이들 중 극소수를 제외한 대다수는 자신의 진단을 받아들이지 못한다. 그게 이 무서운 질병의 속성이다. 그리하여 조현병 환자 중 52퍼센트가 진단 후 첫 6개월간 정기적인 외래 치료를 이어나가지 못한다. 자신에게 병이 생겼음을 인정하지 않는 환자의 치료를 이어나가기란 매우 힘든일이다. 질병을 가진 당사자에게 치료 의지가 없는 만큼, 보호자들이 치료 과정에 반드시 동참해야 한다. 그분들에게 너무 힘들고 가혹한 일이지만, 현실이 그렇다. 치료를 꾸준하게 이어 나가게 할 제도적 장치들이 턱없이 부족한 사회이기에, 가족들에게 더욱더 무거운 책임을 지우게 된다.

┼

망상의 집합체인 그 글 밑에 달려있는 댓글에 익숙한 이름이 보인다. 동일한 시기에 같은 병동에서 만났던 다른 분이다.

"정말 걱정되어서 하는 말인데, 언니 제발 약 좀 먹어요."

내게 메시지를 보내온 두 분과 함께했던 치료 기간을 떠올려본다. 몇 가지 분명한 차이가 있었다. 가장 큰 차이는 질병을 대하는 가족들의 태도였다. 치료진과 약물치료를 신뢰했던 전자의 가족들. 몇 차례의 가족 상담과 교육 시간마다 충실히 참여하고 진지한 자세로 임했던 것이 기억난다. 발병하는 데 영향을 미쳤을 환자의 심리적 특성을 이해하려 노력하던, 과거 친밀하지 못했던 가족 관계를 후회하며 눈물을 흘리던 부모님 모습이 떠오른다. 반면 후자의 가족들과 상담할 때 들은 이야기의 대부분은 약물치료가 너무 길어지는 것 같아 걱정이다, 언제쯤 투약이 끝날 수 있느냐는 것이었다. 내가 약물이 꼭 필요한 이유를 설명해 드리려고 해도 그분들에겐 들리지 않는 것 같았다. 단지 무서운 약물치료를 언제 끝낼 수 있을지, 그것만이 중요해 보였다.

　　정신과 병원과 약물에 대한 과도한 걱정과 공포심, 그로 인한 투약 중단과 이어지는 재발. 너무나 마음 아픈 이 레퍼토리를 전공의 시절부터 질리게 목격했다. 경고에 경고를 해도 이런 일들이 계속 벌어졌다. 나뿐 아니다. 같은 경험을 한 동기들과 같이 한탄했다.

　　'사람들은 우리가 하는 말을 왜 이리 안 믿을까?'

　　'정말 돕기 위해 처방하는 것을 왜 제약회사의 사주로 여길까?'

　　'그러면서 비교도 안 되게 비싼 가짜 치료법에는 왜 이리 잘 현혹되는 걸까?'

　　〈뇌부자들〉은 이 한탄에서 시작됐다. 다들 계속 한탄만 하기는 싫었다. 좌절의 경험이 반복적으로 쌓이며 우리는 확실히 알게 됐다. 정신 질환을 향한 공포와 편견은 '몰라서' 생기는 것이라는 사실. 그러나 일반인이 정신 질환에 관해 모르는 것은 너무나 당연했다. 아무도 알려주지 않았으니까 당연히 모를 수밖에. 정신 질환에 관한 정보나 지식을 최대한 정확하고 쉽게 전달해야, 그래서 '모르는 사람'이 점점 줄어야 사회적 편견과 오해

를 해소할 수 있다는 생각이 들었다. 그 일이 진료실에서 환자를
진료하는 일만큼이나 중요해 보였다.

안녕하세요,
뇌부자들입니다

"혹시 우리 방송 대박 나서

막 몇 백 명 듣고 그러면 어떻게 해?"

　　2016년이 끝나갈 무렵, 멤버들 모두 대학병원을 떠나 군의
관과 공중보건의사로 한창 복무하고 있을 당시 〈뇌부자들〉을 구
체적으로 기획했다. 정신과 동기인 허규형의 제안에 6명의 시작
멤버 모두가 동의했다. 시작하기에 앞서 많은 고민이 들었다.

　　'보수적인 의사 사회에서 당연히 안 좋은 시각으로 바라보
지 않을까?'

　　'정신과 의사로 일하는 데 있어 중요한 우리의 익명성을
지키는 것이 가능할까?'

'유명인도 아닌 우리의 목소리에 누가 관심을 가지기는 할까?'

고민 끝에 팟캐스트라는 도구를 선택했다. 무엇보다 얼굴을 드러내지 않는다는 것이 가장 큰 장점이었다. 또한 전문 의학 지식을 다루는 채널을 목표로 했기에 오류가 없어야 했고, 혹시라도 듣는 사람의 마음에 상처를 줄 만한 실언을 피하기 위해선 대본을 보면서 읽는 라디오가 최선의 선택지였다.

팟캐스트를 하기로 의기투합한 뒤 최선을 다해 준비했다. 그동안 전혀 알지 못했던 팟캐스트를 하나하나 공부하고 채널을 개설했다. 전문 작가 없이 대본을 만들어내는 데엔 생각보다 긴 시간과 복잡한 과정이 필요했다. 멤버들 근무지가 전국에 흩어져 있었기 때문에 인터넷 그룹 콜로 대본 읽기 연습도 했다.

서울의 한 녹음실에서 첫 녹음을 진행했다. 아직 구독자 수 6명이 전부인 채널이지만 내 목소리가 송출된다니! 설레면서도 너무나 긴장됐다.

"혹시 우리 방송 대박 나서 막 몇 백 명 듣고 그러면 어떻게 해?"

"공개 방송이나 팬 미팅 같은 거 하는 거 아니야?"

"넓은 체육관을 빌려서 공개 방송하자. 그리고 거기서 아무도 없이 우리 애들만 뛰어 노는 거지."

첫 녹음을 자축하는 뒤풀이 자리에서 이런 대화들을 나눴
던 것이 기억난다. 그리고 2017년 3월 18일 팟캐스트 〈뇌부자
들〉의 첫 방송이 업로드됐다. 듣고 있는 내 얼굴이 너무도 화끈
거렸다. 미리 대본 읽는 연습을 했음에도 모두 로봇 같았다. 그
뒤 몇 차례 더 녹음을 해도 별로 나아지지 않았다. 국어 교본 읽
기 연습 방송 같다는 웃음 섞인 댓글이 달렸다. 긴장을 가라앉히
기 위해 다 같이 맥주 한 캔씩 마신 후 녹음을 한 적도 있었다.

그런데 기대치 못한 반응이 올라오기 시작했다. 구독자가
점점 가파르게 늘어난다 싶더니 시스템 오류를 의심케 하는 일
이 벌어졌다. 아래는 방송을 시작한 지 한 달쯤 뒤에 게시한 공
지 글이다. 당시 이 글을 적을 때 느낀 떨림이 아직도 생생하다.

안녕하세요, 정신과 의사들이 하는 팟캐스트 〈뇌부자들〉입
니다.
최근 며칠 사이에 갑자기 순위가 계속 오르다가 20위 안에 진
입하기에 저희 멤버들끼리 "무슨 오류 생긴 거겠지", "누가
해킹한 거냐", "이제 곧 내려가도 실망하지 말자" 등의 대화
를 나누고 있었는데…

아이튠즈 팟캐스트 전체 3위까지 올라가 버렸습니다. 헐…
대박.

사실 아직도 잘 믿기지 않고, 저희가 한 달간 만든 에피소드의
콘텐츠와 퀄리티에 비해 너무 높은 순위라는 생각에 기쁨보다
는 불안한 마음이 더 크기도 했습니다.

그런데 메일함에 점차 늘어나는 청취자 분들의 사연을 보면서
'실제 정신과 분야의 조언이나 정보가 필요했지만 창구를 찾
지 못하시던 분이 너무 많았기 때문'에 저희 방송의 조회 수가
올라갔다는 사실을 깨달을 수 있었습니다. 그 이유는 일단 정
신과의 내용들이 많이 생소한데다 정보를 제공하는 곳이 별
로 없고, 정신과의 문턱은 너무 높은데 반해 겨우 문턱을 넘어
가도 짧은 시간밖에 진료하지 못하는 우리나라의 의료 시스템
때문일 것 같다는 생각도 듭니다.

저희 〈뇌부자들〉 순위가 높이 올라간 만큼(언젠가 혹은 바로 내
일이라도 쭉 떨어질 수 있겠지만 ㅠ) 많은 분들에게 노출되어 정
신과의 문턱을 조금이라도 낮출 수 있을 것 같아 다행이란 생
각이 듭니다. 그리고 이런 역할을 계속해서, 잘하기 위해서는
여태까지보다 훨씬 더 노력해서 좋은 내용의 방송을 만들어야
겠다는 책임감도 듭니다.

열심히 해보겠습니다. 많이 들어주세요!

말 그대로 기적이 일어났다. 이 글을 적은 며칠 뒤 순위는 아이튠즈 전체 차트 2위로 한 단계 더 올라갔다. 온갖 정치, 시사 팟캐스트들이 최고 인기를 누리던 팟캐스트 전성 시대였다. 팟캐스트 채널수가 1만 개를 넘었고, 상위 차트는 대형 방송국의 정규 프로그램이나 유명 방송인이 진행하는 채널로만 채워져 있었다. 그런데 재미없는 정신과 의사 6명이 딱딱하게 대본 읽는 방송이 시작한 지 한 달 만에 차트 맨 꼭대기를 차지하다니. 지금도 이름만 대면 전 국민이 알 만한 방송들이 우리보다 아래에 있었다. 정말로 믿을 수가 없었다.

그 폭발적인 반응은 대체 무엇 때문이었을까. 정답은 알 수 없지만, 난 당시 적었던 글에 그 답이 있다고 믿는다.

정신과의 높은 문턱은 우리가 생각했던 것보다 훨씬 높았고, 편견의 힘은 더 강했다. 우리가 그렇게 답답해했던 현실은 극히 일부에 불과했다. 그간 우리가 듣고 봐왔던 것은 모두 다 병원 안에서의 이야기들이었다. 이미 높은 문턱을 넘어온 사람들만 만났었다. 〈뇌부자들〉 활동을 통해 비로소 병원 밖에 계신 분들의 이야기를 듣기 시작했다. 병원 밖에는 그 문턱을 넘어오지 못하고 힘들어하는 분들이 많았다. 상상할 수 없이 많은 이가 정신적으로 고통받으면서도 치료를 받지 못하고 정보도 얻지 못하고 있었다. 그렇게 애타게 정보를 찾고 계시던 분들이 〈뇌부자들〉을 찾아왔다.

〈뇌부자들〉의 기적은 아직까지 지속되고 있다. 방송 3년 차인 2019년에도 가장 사랑받은 팟캐스트 베스트 20에 선정되었다. 물론 몇 만 명에 이르는 팟캐스트 구독자들의 청취 목적을 단 한 가지만으로 설명할 수는 없지만, 우리가 지금까지도 분에 넘치는 호응을 받는 이유는 여전히 정신과의 문턱이 높기 때문이라 생각한다.

✦

당연한 말이지만, 지난 3년간 좋은 일만 있었던 것은 아니다. 오해받고 상처받는 일들도 생겼다. 방송을 시작할 때부터 누군가는 안 좋은 시각으로 보리라 예상은 했다. 우리의 목적을 돈으로, 환자 유인 행위로 볼 것이 뻔했다. 그런 비난을 애초에 막기 위해 후원금 받기 기능을 차단했고, 지금까지도 멤버들이 내놓는 회비로 채널을 운영한다. 그간 단 한 차례도 멤버들이 운영하는 병원 이름을 언급하지 않았다. 알려달라는 분께도 양해를 구하며 대답하지 않았다. 강연장에서 만나 병원의 위치를 묻는 분에게도 매번 죄송하지만 집 가까운 곳에 좋은 선생님이 계실 거라고 대답해왔다. 광고를 업으로 하는 한 환자는 외부 활동은 많이 하면서 병원 정보는 지나칠 정도로 찾기 힘들다는 지적까지 해주셨다.

그럼에도 오해하고 비난하는 이들이 있었다. 진료에만 열심인 의사도 많은데 다른 짓 하느라 진료를 소홀히 한다는 목소리도 있었다. 그럴 땐 참 억울했다. 우리가 어떻게 사는지, 진료를 정말 소홀히 하는지 알고나 하는 얘긴가?

〈뇌부자들〉 활동이 실제 진료에 부정적인 영향을 미치는 순간도 있었다. 우리는 그저 보통의 정신과 의사일 뿐인데 더 큰 기대를 하고 찾아오시는 분들이 꽤 계셨다. 첫 진료 때부터 사인을 요청하시기도 한다. 내가 볼 땐 분명 기존 병원에서 잘 진료받고 있었는데, 치료자를 바꾸고 싶다며 먼 지방에서 올라오시기도 한다. 그러시지 말라고 말려도 통하지 않았다. 그런 진료들은 대부분 길게 지속되지 못했다. 과도한 기대는 금세 실망으로 이어지기 때문에, 또 그동안 만난 의사들과 별반 다를 게 없다는 것을 금방 알게 되기 때문이다.

진료 중 생긴 불만을 유튜브나 팟캐스트 댓글 창에 공개적으로 적는 사람도 있었다. 예상했던 일이었지만 그럴 때마다 크게 상처를 받았다. 심지어 어느 날은 '방송을 보고 믿고 찾아갔는데 실망스런 진료 태도로 더욱더 죽음에 가까이 다가가게 되었다'는 댓글이 달리기도 했다. 놀라서 이야기해본 결과 우리 중 누구도 그런 사람을 진료한 적이 없었다.

그래도 외부로부터의 비난에는 점차 익숙해졌다. 훨씬 더 큰 문제는 우리가 많이 지쳤다는 것이다.

〈뇌부자들〉을 시작한 후 청취자들, 출판사나 방송국 등 다양한 곳에서 받은 예상치 못한 폭발적인 반응에 우리는 설렜다. 설레고 기쁜 마음으로 정말 열심히 호응에 답했다. 나름 최선의 노력을 다했다.

외부의 기대가 급격히 커진 것이 피부로 느껴졌다. 그에 걸맞은 퀄리티를 만들어 내기 위해 늦은 밤까지 주제를 상의한 뒤 밤새 대본을 준비해서 모였다. 끝없이 쏟아져 들어오는 사연 메일에 최선을 다해 답했다. 멤버 모두가 하루 종일 매달려도 감당할 수 없을 정도의 메일이 쌓이게 되어 결국에는 답장하기를 중단할 수밖에 없었다. 유튜브 채널까지 연 이후엔 기술적 문제로 어쩔 수 없이 영상 편집자를 고용했지만, 그 외의 대본 준비,

팟캐스트 편집, 채널 관리는 여전히 모두 우리 몫이었다. 공개 방송을 하고, 강연을 열고, 간간히 방송 출연도 해가며 〈뇌부자들〉 이름으로 책도 냈다.

지난 3년이 넘는 기간 동안 〈뇌부자들〉은 우리 삶의 일부분으로 자리 잡았다. 일부분을 넘어 아주 큰 부분이 되었다. 필연적으로 우리는 지쳐갔다. 실은 지금도 지쳐 있다. 바로 어제 한 멤버가 유튜브 활동은 더 이상 못할 것 같다고 말을 꺼냈다. 멤버들과 며칠에 한 번씩 질릴 정도로 만나고 하루 종일 메신저로 대화를 한다. 내 아이들보다도 더 많은 시간을 함께 하는 것 같다. 하지만 개인적인 대화는 점차 줄어들고, 일 얘기만 하는 관계가 되어 가고 있다.

〈뇌부자들〉 활동을 언제까지 계속할 수 있을까. 이렇게 언제까지 버틸 수 있을까. 언젠가부터 이젠 그만둘 때가 된 것 같다는 생각이 불쑥 떠오른다. 그럼에도 지속되고 있는 이유는, 여전히 많은 분께서 전해주시는 '고맙다'는 말 때문이다. 방송 덕에 오랜 망설임을 끝내고 진료를 받기 시작해 길고 길었던 고통이 줄어들었다는 메시지. 곁에 있는 이의 아픔을 이해하게 되었다는, 어떻게 도움을 줘야 할지 알게 되어 감사하다는 말, 치료에 반대하던 가족을 설득하는 데 도움이 되었다는 말. 그 피드백

들을 받으며 우리가 정말로 변화를 이뤄내고 있다는 느낌을 받는다. 활동을 이어 나가는 큰 원동력이 된다.

몇 달 전, KBS 시사교양 프로그램 〈거리의 만찬〉에 출연한 적이 있다. 사전 인터뷰 자리에서 작가 분이 물어보셨다.

"분명히 몇 년 전에 비해 정신과를 바라보는 시선이나 편견이 줄어든 것 같다는 생각이 들어요. 왜 그런 걸까요?"

"그렇죠. 저희도 그렇게 느껴요. 음… 시기도 그렇고, 저희 때문인가 보네요!"

당연히 농담인 걸 모두가 알기에 크게 웃고 지나갔다. 우리 때문만은 아니지만, 또 우리가 정말로 역할을 한 것이라면 그게 어느 정도일지는 알 수 없지만, 어쨌든 정신 질환과 정신과를 향한 사회적 시선을 바꾸는 데 작게나마 일조한 것 같아 뿌듯하다. 지난 몇 년간 의미 있게 잘 살았다는 생각도 든다. 자랑스럽기도 하다.

물론 아직 끝난 일이 아니다. 시작할 때의 목표를 완전히 달성하지는 못했다. 사회가 많이 변했지만, 아직도 정신과를 향한 오해와 편견은 많이 남아 있다. 높은 문턱을 넘지 못해 힘들어하는 사람들이 너무도 많다는 사실을, 계속 확인한다. 정신과 치료를 받는 것만으로도 차별과 혐오의 대상이 된다는 것을 포털 사이트 기사 댓글을 통해 매일 느낀다. 이런 암울한 현실에 나는 아직도 자주 화가 난다. 회의감도 든다.

'정신과를 바라보는 사회적 편견이 깔끔히 사라지는 날이 과연 올까?'

가능성이 매우 낮다. 솔직히 잘 안될 것 같다. 되면 기적이다. 하지만 그 기적 같은 미래를 위해 조금 더 노력해보고 싶다는 생각이 든다. 그 일은 분명 그럴 만한 가치가 있다. 나는, 우리는 이미 작은 기적을 경험했다. 〈뇌부자들〉을 통해서. 정신과 의사 몇 명이 모여 가내수공업으로 만든 팟캐스트가 손석희 아나운서나 김어준 씨 위에 잠시라도 올라갈 줄 그 누가 예상했겠는가? 게다가 지금은 우리만이 아니다. 정신과에 관한 정보를 제공하는 다른 창구도 여럿 생겼고, 계속 생겨나고 있다.

〈뇌부자들〉 활동을 하면서 만난 방송계 사람들에게 여러 차례 들은 말이 있다. 3년 이상 가는 크리에이터가 없다는 말. 아마 〈뇌부자들〉의 생명력도 길게 남지 않았을지 모른다. 남은 기간 동안 기적을 향해 조금만 더 나아가 보고 싶다. 언제일지 모르지만 마지막 방송을 행복하게 녹음했으면 한다.

정신과 약 계속 먹으면
안 된다는 말

"정신병원을 향한 환자와 가족들의
공포심은 어디서 온 것일까"

내가 수련하던 정신건강의학과에는 자랑거리가 있었는데, 전국 대학병원 중 유일하게 정신건강전문병원이 따로 존재한다는 것이었다. 환자를 치료하기에도, 전공의가 수련하기에도 이상적인 장소였다.

하지만 한 가지 아쉬운 점이 있었으니, 그건 바로 병원 위치였다. 정신병원을 뜻하는 은유적인 표현으로써 '언덕 위의 하얀 집'이 아니라 실제로 그랬다. 오프 날 퇴근 후에도 갈 곳 없는 전공의들의 낙은 야식을 시켜 먹는 일이었다. 하지만 신중히 메뉴를 고르고 설레는 마음으로 주문했을 때, 아주 가끔은 예상치 못한 말을 듣곤 했다. 멀어서가 아니라, 무서워서 오기 힘들다는 대답. '여기서 어떻게 지내요?'라며 겁에 질린 표정으로 빠르게 음식을 전달하고 서둘러 돌아가는 분들도 봤다.

배달 거부야 웃어넘길 수 있는 해프닝이었지만, 더 큰 문제는 따로 있었다. 정작 치료가 필요한 분들에게도 언덕 위의 하얀 집은 두려움을 자아내는 공간이었다. 정신병원을 향한 환자와 가족들의 공포심은 어디서 온 것일까. 그 공포심 때문에 벌어지는 참 안타깝고 슬프고 미운 일이 많았다.

모든 병이 그렇듯, 정신 질환 또한 발병 초기에 치료해야 한다. 그래야 잘 낫고 후유증도 적다. 하지만 병원에서 만난 거의 모든 환자가 증상을 심각하게 키운 뒤에 찾아왔다. 정신 질환이 생겼다는 사실을 받아들이기 힘든 심리도 있지만, 정신과에 대한 막연한 공포심 역시 한몫했다.

그래도 다행히 대부분은 몇 주 간의 치료로 호전되어 퇴원하는데, 그때 환자들과 내가 느꼈던 감정은 분명 전우애였다. '참 많은 일을 함께 겪었고, 힘들었고, 서로에게 고마워 때로는 보고도 싶겠지만, 절대 여기서 다시 만나진 말자'라는.

하지만 분명히 잘 떠나보냈던 그 전우를 다시 전쟁터에서 만나는 일이 꽤 잦았다. 겨우 없앴던 환청과 망상이 더 강해진 상태로 그를 사로잡고 있었다. 재발했다는 사실에 좌절하고 다시 회복될 수 있을까 공포에 질려 있는 보호자에게 재발의 이유를 묻는다. 그러면 보통 죄책감이 먼저 들려온다.

"어떻게 해서든 약을 끊으면 안 됐는데… 죄송해요."

재발의 이유, 재발을 불러온 단약의 이유는 역시 정신과에 대한 공포심과 편견 때문이었다.

"정신과 약 계속 먹으면 안 된다더라. 빨리 끊어!"라는 주변 사람들의 한결같은 권유. 약물 대신 검증되지 않은 다른 치료 방법을 권유했던 그들. 물론 부작용은 거의 없는 치료 방법이다. 대신 효과도 없을 뿐. 추가로 정신과 약물과 비교할 수 없이 비싸다는 공통점도 있다. 그 주변 사람들이 누구인지 몰라도 참 원망스러웠다. 원망을 넘어 너무 화가 났다. 자신들이 무슨 일을 저지른 것인지 알기나 할까. 약의 이름이라도 알기나 했을까.

가끔씩은 이런 주장을 하는 사람도 있다. 정신 질환이란 것은 사실 존재하지 않으며, 돈만 밝히는 사악한 제약회사와 부도덕한 정신과 의사들의 합동 사기일 뿐이라고. 모든 것은 마음에 달려 있기 때문에 증상을 가진 이들을 진정으로 이해해주면 낫게 된다는, 듣기에 그럴듯한 소리를 너무 자주 전해 듣는다. 의지가 약한 것이니 정신과 치료는 그만두고 운동으로 극복해야 한다는 말도 자주 듣는다. 또는 건강식품이나 탕약, 약침, 기도나 굿으로 해결하면 되니 몸에 좋지 않은 정신과 약은 얼른 끊으라는 소리도 질리게 듣는다. 정신과 의사가 된 직후부터 이런 편견, 잘못된 상식과 싸워야 했다. 그것들이 치료를 계속 방해했기 때문에. 안 그래도 힘든 치료 과정을 더 힘들게 만들었기 때문에.

물론 정신과 치료가 만능은 절대 아니다. 정신과 의사의 가장 큰 무기라 할 수 있는 약물치료 또한 그렇다. 부작용이 심할 때도, 효과가 부족할 때도 자주 있다.

"정신과 의사들은 약 처방만 하지, 부작용에 대해선 하나도 모른다"라는 인터넷 댓글들을 자주 접한다. 그런데 어찌 모르랴. 매일 듣는데. 안타깝고 죄송한 마음이다. 그리고 돌이켜보면, 내게도 정신과 약물의 부작용과 관련한 경험이 짧게나마 있었다.

⋅⊦⋅

의대생이던 십 수 년 전, 친구에게 솔깃한 제안을 받았다. 의대 복도 게시판에 붙어 있는 약물 임상실험 대상자 모집 공고

문을 보았는데, 이번 것은 평소에 비해 보수가 훨씬 세다는 것이었다. 자그마치 60만 원. 임상실험센터에서 주말 동안 지내고 나오는 것으로 두 달 치 용돈을 벌 수 있었기에 잠시도 고민하지 않고 친구와 함께 신청을 했다.

내가 먹어보겠다고 신청한 약물의 이름은 쿠에타핀(que-tapine). 최근엔 우울증, 조울증의 치료제로 흔히 쓰이며 불면증 치료 목적으로도 자주 처방되지만, 애초엔 조현병 치료제로 개발된 약이다.

센터에 입소했다. 사람마다 넉넉한 크기의 침대가 제공되었고 침대마다 커다란 텔레비전이 딸려 있었다. 와, 이 정도면 너무 좋은데? 누워서 원 없이 텔레비전만 보다가 돌아가는데 큰돈까지 준다니! 그런데 역시 내 예상대로 흘러가지 않았다. 쿠에타핀 100밀리그램을 복용한 후 일정 시간마다 채혈을 해갔는데, 약을 복용하자 너무 졸린 나머지 내 피를 누가 뽑아 가는지도 모른 채 잠에 취해 허우적거렸다.

무언가 이상한 느낌이 와서 잠에서 깼다. 몇 번째인지 모르겠지만 간호사가 내 팔에서 피를 뽑고 있었다. 그걸 보며 다시 졸다가 겨우 눈을 떴는데 텔레비전에서 충격적인 장면이 나오고 있었다.

"지석아. 남대문이 불타고 있는데?"

"뭔 소리야, 약 먹더니 이상해진 거야? 정신 차려. 헉. 진짜네?"

친구의 놀란 목소리를 들으며 다시 잠들었다. 한 번은 자다가 깨서 화장실에 가겠다고 일어서는 나를 누군가가 부축하러 왔다. '아니, 약 한 번 먹었다고 되게 환자 취급하시네.' 괜찮다고 정중히 거절한 뒤 걸어가던 중 쓰러질 뻔한 나를 직원이 겨우 잡아줬다.

그랬다. 겨우 알약 한 알이지만, 조현병 치료제는 강력했다. 단 이틀이었지만, 정신과 약물의 강력함을 뼈저리게 경험했다. 나와 함께 입소한 사람 중 둘은 보수를 못 받아도 상관없다며 너무 힘들다는 이유로 귀가하기도 했다. 그런데 정말 신기하게도 모두에게 동일한 반응이 있는 건 아니었다. 나와 동행한 친구는 옆자리 침대에 앉아 60만 원으로 무얼 살지 종일 인터넷을 뒤적였고, 또 다른 의대 동기 친구는 주야장천 게임에 몰두했다.

몇 년 뒤 정신과 의사가 된 나는 이 쿠에타핀을 수없이 처방했고, 요즘도 매일 처방하고 있다. 역시 반응도 천차만별이다. 800밀리그램을 처방해도 밤새 한 시간도 채 못 자서 힘들어하는 사람이 있고, 최소량인 12.5밀리그램만 처방해도 종일 졸려 일상생활을 할 수 없다는 사람도 있다. 같은 진단 안에서도 반응이 다르며, 한 개인에게서도 질병 상태에 따라 반응이 다르다. 동일한 용량의 약제가 누군가에겐 탁월한 치료제가 되지만, 누군가에겐 부작용 덩어리가 된다. 또 누군가에겐 아무런 반응 없는 물약이 된다.

✛

부작용은 다양하다. 또한 어떤 사람에게 얼마만큼의 용량에서 무슨 부작용이 나타날지 완벽히 예측할 수 없다. 안타깝지만 현대 의학이 아직 완벽히 정복하지 못한 영역이다. 다만 대부분의 부작용이 약물 조절을 통해 사라지기 때문에 절대 한 번의 경험에 겁을 먹고 치료를 중단해서는 안 된다. 주변 지인이 부작용을 심하게 겪었다는 이야기를 전해들은 것 때문에 약을 끊어서는 안 된다.

부작용이 각각 다르게 나타나는 것처럼, 효과도 그렇다. 항정신병약물이나 기분안정제, 항우울제 모두 한정된 비율의 사람에게만 반응한다. 가끔씩은 너무도 빠르게 호전된 덕에 내가 명의가 되기도 하지만, 때로는 백약이 무효한 사람도 만난다. 같은 병인데도 유독 진행 속도가 빠르고 증상이 심각한 경우도 있다. 최선을 다하지만 무력감과 막막함을 느낀다. 그럴 땐 지푸라기라도 잡는 심정으로 다른 치료 방법을 찾아보는 보호자의 마음이 이해가 간다. 내가 느끼는 것과는 비교할 수 없는 크기의 막막함을 느끼실 테니. 나라도 그럴 것 같다는 생각이 든다. 하지만 항암제에 여러 부작용이 있어도, 치료 성공률이 100퍼센트가 아니어도 효과를 기대하며 사용하듯 몇몇 정신 질환에서 약물치료는 다양한 선택지 중 하나가 아닌 필수 항목이다.

치료 성공률을 조금이라도 높이는 데 있어 가장 중요한 요소는 조기 치료와 재발 방지다. 치료받지 않은 시기가 길수록, 재발 횟수가 많을수록 잘 회복되지 않는다. 약물에 더 반응하지 않는다. 이토록 중요한 치료 시작 시기를 늦추는, 자주 재발하게 만드는 가장 큰 요인이 '정신과에 대한 오해와 편견'이다. 사람들의 마음속에 뿌리 깊게 박혀 있는 오해와 편견을 너무 자주 만난다. 자신의 단편적 경험이나 주워들은 말 하나로 그 분야의 진실을 깨달은 것 마냥 확신에 차서 말하는 사람이 생각보다 많다. 너무도 많은 그 잘못된 목소리를 일일이 다 막을 수도, 반박할 수도 없다. 하지만 그들의 발언이 반박되지 않고 퍼져나갈수록, 치료를 적기에 시작하는 것을 막고 재발을 일으키는 데 기여한다. 많은 환자와 가족에게 씻을 수 없는 상처를 준다. 그 상처들을 단지 옆에서 바라보는 것만으로도 너무 안타깝고 힘들었다. 불가능하다는 걸 알지만, 다시 그런 경험을 하기는 싫다. 그 때문에 오늘도 진료가 끝난 후에 글을 적는다. 〈너부자들〉 방송 준비를 한다. 조금이라도 더 많은 사람에게 진실이, 우리의 진심이 닿기를 기대한다.

아직도 우울증이 의지의
문제라 말하는 사람들에게

"굳게 마음먹으면 좋아질 거라는 말,

함부로 하지 마시라.

그게 안 되니까 질병인 것이다"

'똑똑.'

진료실 문을 두드리는 노크 소리의 크기, 문을 열고 자리에 앉기까지의 속도, 반갑게 인사하는 목소리 톤과 생기가 도는 얼굴, 그리고 이어지는 대화에서 관찰되는 생각의 흐름까지. 생각과 행동 모든 것이 느리고 힘이 없던 10일 전의 A씨와는 확연히 다르다. 지금 A씨 모습에서는 그 누구도 10일 전까지의 그를 상상해낼 수 없을 것이다.

"저도 지금 너무 신기해요. 어떻게 이렇게 변하죠? 사실 지난번 약을 추가하시면서 의욕을 살릴 수 있을 거란 선생님의 말에 큰 기대 안 했거든요."

늘어난 업무량 속에 극심한 스트레스를 받던 석 달 전, A씨는 이전에 경험한 적 없을 정도로 우울해졌고, 밤새 실직, 구직 실패, 죽음으로까지 이어지는 최악의 시나리오만 상상하며 뜬눈으로 지새웠다. 가슴이 두근거리고 숨쉬기 힘든 느낌에 내과에 들렀지만 별다른 이상 소견은 없었다. 일을 잘해내지 못하는 자신이 쓸모없게 느껴졌고, 모두에게서 비난받는 느낌에 결국 스스로 퇴직 후 시체처럼 누워 지냈다. 집에 누워 있기만 한 지 한 달, 참다못한 그의 친구가 병원을 대신 예약하고 그를 데려왔다.

항우울제는 보통 투약 후 2주에서 4주 정도 지나야 효과를 발휘하기 시작한다. 첫 한 달은 큰 효과가 나타나지 않았다. 예상했던, 당연한 일이다. 그리고 다음 한 달이 다 되어가는 시점, 분명 A씨가 느끼는 주관적 우울감은 상당히 호전되었지만, 그의 무기력과 무의욕은 크게 나아지지 않았다. 여전히 하루의 절반 이상을 자고 있었고, 깨어 있는 시간도 대부분 침대에서 아무것도 하지 않은 채 보냈다. 치료를 시작할 때 보통 두 달이면 많이 좋아진다는 얘기를 했던 터라 내 마음도 약간 조급했지만, 이럴 때 사용하면 좋은 약물이 또 있다. 그리고 그는 지난 처방 이후

1주일 만에 달라진 모습으로 나타났다. 신기하게 의욕이 살아나 운동을 시작했다는 간증을 듣고 있는 이때가 의사로서 가장 뿌듯한 순간이다.

÷

모든 치료가 이렇게 성공적이라면 얼마나 좋을까. 아쉽게도 현실은 절대 그렇지 않다. 처음 선택한 약에 부작용이 심하거나 효과가 부족해 도중에 약을 교체하는 경우가 꽤 흔하다. 한 번 그런 것은 별 문제가 아니다. 문제는 다음 약에도, 또 다음 약에도 부작용이 심하거나 효과가 미미한 경우다. 그러다 너무 지치고 치료에 대한 믿음을 잃어버려 떠나버리는 분도 꽤 있다. 그렇기에 처음부터 그 사람에게 잘 맞는 약을 선택하는 것은 매우 중요한 일이지만, 동시에 참 어려운 일이다. 수많은 항우울제의 작용 기전은 대략 비슷하고, 대규모 연구에 의하면 효과 또한 비슷하다고 하는데, 분명 각자 맞는 약이 다르다. 어떤 증상을 가진 어떤 사람에게 어떤 약을 써야 할지, 그 문제는 참 애석하게도 아직까지는 상당 부분 정신과 의사 개인의 감에 의존한다. 자신의 은사에게서 전수받은 지식, 자신이 진료를 보면서 얻은 경험, 그리고 동료 의사들과 공유하는 정보 등을 통합해 만든 자신만의 몇몇 원칙이 있다.

그런데 가끔씩은 이런 생각이 날 불안하게 만들기도 한다. 특히 잘 낫지 않는 분을 진료할 때 이런 생각들이 찾아온다. 우울증은 '휘어진 터널' 같은 질환이다. 분명히 끝이 있지만 직전까지도 출구가 보이지 않는다. 환자뿐 아니라 치료자에게도 길이 잘 안 보이는 느낌이 들 때가 있다. '내가 가지고 있는 좋게 말하면 원칙, 나쁘게 말하면 일종의 감은 과연 맞는 것일까? 혹시 잘못된 원칙을 가지고 있어 다른 의사에게 치료받으면 금방 나을 사람을 길게 괴롭히고 있는 것은 아닐까?' 그 원칙들은 성공과 실패의 경험들을 통해 끊임없이 보강되고 수정된다. 그렇기에 '나는 잘하고 있어!'라고 느낄 수 있는, 계획대로 호전된 환자의 모습을 보는 이 순간은 내게 매우 소중하다. 이런 성공 경험은 터널의 어둠 속에서 환자를 끌고 앞으로 나가는 원동력이 된다. 이렇게 소중한 짧은 환희의 순간은 그의 다음 말로 바로 깨졌다.

"부모님께서 이제 좀 좋아진 것 같으니 약을 그만 먹으라 하세요. 의지가 약하고 게으른 것이지, 무슨 우울증이냐고요." 자주 듣는 상황이다. 어쩌면 저렇게 다들 똑같이 말하는 것일까

궁금하기도 하다. 우리 사회에는 정신 질환에 대한 수많은 편견과 오해가 있는데, '우울증은 의지의 문제'라는 말이 가장 대표적일 것이다.

✛

프란츠 카프카의 1915년 작품 《변신》에는 이런 상황이 나온다. 가족 부양을 위해 몇 년째 열심히 일하던 주인공은 어느 날 눈을 떴을 때 벌레로 변해 있는 자신을 발견한다. 그는 벌레로 변한 자신의 몸에 대해 고민하기보다는 출근 시간을 놓친 것에 대해 걱정한다. 그리고 결근 사유를 알아보러 집까지 찾아온 지배인은 '몸이 좀 불편한 것쯤은 열정으로 극복해야 된다'라는 말을 남긴다.

그래, 100년 전에는 저런 말을 할 수도 있었겠다 싶다. 여러 질환에 대한 과학적 해석이 없던 시기니까. 세균에 의한 염증 반응이나 신체 호르몬의 변화 등에 대한 지식이 전혀 없던 시기니까. 그런데 과학적으로 질병의 병리가 밝혀진 오늘날에도 왜 저 말은 끊임없이 들리는 걸까? 그나마 그 소설 속 지배인은 변신한 주인공을 보고선 그냥 돌아갔지, 오늘날 우리나라가 배경이었다면 정말 변신한 것이 확실한지 의학적으로 증명하라며 진단서를 제출하게 했을 것이다. 아니, 진단서를 내도 분명 출근하게 되었을 그 스토리를 쓰기 위해 카프카의 상상력이 더 동원되었어야 했을지도.

정신 질환이 의지의 문제가 아니라 뇌의 질환이라는 것은 수많은 연구로 입증됐다. 우울증 환자의 뇌를 fMRI(기능적자기공명영상법)나 PET-CT(양전자 컴퓨터 단층촬영기) 등의 영상으로 찍으면 뇌의 전전두엽 기능이 저하되어 있는 것을 확인할 수 있으며, 세로토닌, 도파민, 노르에피네프린 등의 호르몬 수치가 저하된 것 또한 확인된다. 감정을 관리하고 불안을 억누르며 이성적으로 사고하게 만드는, 충동을 억제하고 계획을 세우며 의욕을 만들고 기쁨을 느끼게 하는 원재료들이 부족해 그 기능을 담당하는 부위가 잘 작동하지 않는 상황이다. 이 수많은 기능이 작동하지 않을 때 사람의 모습은 어떨까? 말 그대로 총체적 난국이다.

호르몬이 부족해 장기가 제 역할을 하지 못하는 상황. 췌장에서 인슐린 분비가 부족해 발생하는 당뇨병과 다를 것이 없다. 우울증과 당뇨병, 두 질환은 모두 병이 진행되는 상황을 직접 눈으로 볼 수는 없으나 분명 실재한다. '잘 치료하고 관리할 수 있지만 방치하면 사망에 이를 수 있다'는 공통점도 있다. 문제가 생긴 위치와 그에

따른 증상만 다를 뿐. 발병 장기를 내가 고를 수 있는 것도 아닌데, 왜 하필 뇌에 문제가 생긴 경우에만 이토록 차별을 받는 것일까.

어느 정도의 혈당 상승은 운동과 식이 조절을 통해 호전될 수 있지만, 병의 단계로 넘어가버리면 의지만으로 해결될 수 없기에 약을 복용한다. 이와 똑같이 어느 정도의 우울감은 생활 습관과 사고방식을 교정함으로써 호전될 수 있지만, 병의 단계로 넘어가버리면 의지만으로 해결될 수 없다. 그런데 왜 우울증 환자에게만, 정신 질환자에게만 의지가 약한 사람이란 편견을 들이밀며 약물치료도 못하게 막는 것일까.

현대 과학, 그리고 과학기술을 응용한 현대 의학은 한 개인이 그 원리를 모두 이해하기 어려울 정도로 너무 발전해버렸다. 그리고 사람들은 자신이 모르는 것을 두려워하거나 아예 무시해버리는 경향이 있다. 정신 질환에 대해 여러 과학적 사실이 밝혀진 지금에도 "우울증은 마음먹기 달린 거야"라고 말한다면 무지를 드러내는 것이기에 부끄러울 일이고, 그 무지가 누군가에게 상처를 주고 있기에 사죄할 일이다.

잘 모를 땐, 그냥 참견하지 마시라. 굳게 마음먹고 그대로 행동하면 좋아질 거라는 말, 함부로 하지 마시라. 그게 안 되니까 질병인 것이다. 약 먹지 말고 좋은 음식 먹고 운동하면 저절로 회복될 거라는 책임지지 못할 말들, 함부로 하지 마시라. 의지로 혈당과 혈압을 낮출 수 있고, 고열을 내릴 수 있으며, 부러진 뼈를 붙게 하는 분이시라면 자랑스럽게 말씀하셔도 된다. 우울증은 의지의 문제라고.

내 인생의
정신과를 찾아서

"진료 시간이 짧다고 나쁜 의사와 나쁜
병원인 것도 아니고, 진료 시간이 길다고
무조건 좋은 의사와 좋은 병원이 아니다"

내가 수련하던 정신건강의학과에서는 송년회 때마다 작은 시상식을 열었다. 그중 마지막에 발표되는 상의 이름은 최우수 임상교수상. 마치 프로야구 MVP 같은 의미일 텐데, 대학병원 정신과에서 가장 뛰어난 선수를 뽑는 기준은 무엇일까.

정신과 진료는 비밀스럽다. 내 동료 의사가 상담을 어떻게 하는지 알 수가 없다. 운동 경기처럼 중계되는 것이 아니니 동료 선수나 기자단 투표를 할 수는 없다. 환자들에게 평점을 매겨보라고 할 수도 없다. 환자가 좋아하는 치료가 꼭 좋은 치료란 법은 없기 때문이다. 몸에 좋은 약이 쓰다는 말도 있듯, 딴에는 환자 분을 진심으로 생각해서 드린 얘기로 인해 치료가 종결되기도 한다.

결국 수상 기준은 진료 실적이었다. 아무래도 많은 분이 찾고, 왔던 분이 또 찾는 경우 실력 있는 의사일 가능성이 높다는 의미일 것이다. MVP 후보들의 실적은 정말 엄청나다. 2만명. 정신과 의사 한 사람이 1년간 진료를 본 환자 수가 2만 명을 훌쩍 넘겼다. 그중에서도 MVP를 자주 수상하던 한 교수님의 진료 실적은 압도적이었다. 100명이 넘는 외래 진료를 끝낸 저녁마다 지친 몸을 이끌고 병동으로 올라온 그 MVP 교수님에겐 입원 환자와 전공의 들이 기다리고 있었다.

빨리 회진을 끝내고 퇴근하고픈 마음에 서둘러 환자 브리핑을 하려는 나를 막으며, 커피를 한 잔 내리시던 교수님은 종종 이런 말을 했다.

"애들아, 나 왜 이렇게 사니."

그러게요, 왜 그렇게까지 많은 진료를 보셔야 하는 걸까요. 교수님도, 환자들도, 나도, 모두가 원치 않는데.

가끔 참관하는 교수님들의 외래 진료실은 놀라운 곳이었다. 짧은 시간 내에 어떻게든 정보를 캐내는 기술, 수많은 환자의 디테일까지 담고 있는 초인적인 기억력, 그리고 그 짧은 진료 속에서 신기하게 호전되어 가는 환자들. 또한 교수님들은 제각각 정해진 시간이 넘지 않게 말을 잘라내는 신묘한 기술을 지니고 있었다.

무엇보다 인상적이었던 것은 환자가 자리에서 일어날 때까지 계속되는 "안녕히 가세요" 반복 신공이었다. 쉬워 보이지만 어려운 기술이다. 기분 상하지 않게 옅은 미소를 계속 띤 상태로, 상대가 '충분히 말하지 못했다'는 듯 보내는 원망의 눈초리를 피하며 모니터로 시선을 옮기는 기술. 곁눈질로 익혔던 이 기술을 지금 내 진료실에서도 아주 가끔은 사용한다.

하지만 아무리 시간을 효율적으로 활용한다고 해도, 초인적인 기억력과 진료 기술을 갖췄다고 해도 3분은 절대적으로 부족한 시간이다. 그 병원에선 이런 믿기 힘든 일도 있었다고 한다. 어떤 환자가 진료실에 들어간 뒤 꽤 오랜 시간이 흘렀다. 그리고 평소보다 길던 그날의 진료는 교수님의 절단 신공이 아닌 외부 요인에 의해 끊겼다. 밖에서 대기하던 다른 환자가 진료실 문을 벌컥 열고 들어와 소리를 지른 것이다.

"당신만 하고 싶은 이야기가 많은 줄 알아? 다들 참고 있는 거야!"

우리나라의 진료는 왜 이리 기형적일까? 내과, 소아과, 정형외과 등 모든 임상 현장에서 다른 선진국과 비교해 진료 시간이 매우 짧다는 것은 온 국민이 아는 사실이다. 그래도 정신과까지 3분 진료 대열에 동참할 순 없는 것 아닌가? 대체 이 짧은 시간에 진료가 가능한 걸까? 그게 당시 나의 생각이었다.

의원 문을 연 개인 사업자가 된 이후, 두 가지 사실을 깨닫게 되었다. 첫째는 교수님들, 그리고 나보다 먼저 의원을 운영해온 많은 선배들께서 3분 진료를 할 수밖에 없었던 현실적 이유다. 개원 당시 나는 '제대로 된 진료를 해보겠다'라는 초보 특유의 뜨거운 마음으로 예약제 진료를 결정했다. 최소 15분, 원하는 분은 45분간 진료를 보았다. 환자들도, 나도 진료 시간 자체에 있어서는 만족스러웠다.

하지만 매월 말에 정산할 때마다 여러 가지 생각이 들었다. 미래가 그리 밝아 보이지 않았다. 정신과는 진료 시간에 따라 국가에서 정해 놓은 진료비가 있는데, 상담은 꿈꿀 수 없게 책정되어 있었다. 한번 계산해보았다. 2017년까지 적용되었던 심층분석요법 수가는 4만 6966원이었다. 45분 넘게 상담해야

이 수가를 매길 수 있다. 대략 50분 정도 상담한 뒤, 내담자가 한 이야기 속에 숨어 있는 의미들을 되새기며 기록하는 데 10분 정도 걸린다. 상담 수가와 별개로 환자 한 사람당 책정되는 1만 원 조금 넘는 진료비까지 합치면, 1시간 동안 심층상담을 했을 때 환자 분과 국가로부터 6만원 조금 안 되는 돈을 나눠 받는다. 일주일에 5일 동안 매일 야간근무를 하며 하루 종일 이렇게 진료한다고 가정하면, 이론적으로는 하루 60만 원 가까운 돈을, 한 달에 1천만 원이 넘는 돈을 벌 수 있다! 그런데 거기서 임대료를 내고, 직원 월급, 4대 보험료와 각종 세금, 병원 운영비를 제하고 나면? 거의 남는 게 없다. 이 역시 이상적으로 병원 운영이 굴러갔을 경우, 즉 매 시간 환자가 끊이지 않고 있을 경우에 한한 것이다. 예약제를 진행하면 항상 일정 비율의 노쇼가 따라온다. 하루 100명 예약 환자가 있을 때 20명이 펑크를 내는 것과, 10명 중 2명이 펑크를 내는 것은 차원이 다른 문제다.

결국 국가가 정해준 금액에 맞춰 장시간 상담 치료를 하는 것은 불가능했다. 그래서 의사들이 취한 방법은 크게 세 가지다.

첫째는 다들 알고 있는 것과 같이 3분 진료다. 상담 시간이 15분이 넘지 않는 한, 1분이든 14분이든 상담비가 동일했다. 고정 지출 비용이 큰 대형병원 정신과에서는 가능한 한 진료 시간을 줄여야 적자를 면할 수 있기에 다른 선택지가 없었다. 한 환자에게서는 어떤 정신과에서 5분이 지나니 벨이 울리며 직원이 들어와 진료를 중단시켰다는 믿기 힘든 이야기도 들었다.

그래서 3분 진료 현실을 받아들이기 싫고 어느 정도의 진료 시간은 보장하고 싶었던 의사들은 여러 가지 비급여 항목을 활용하거나, 심리 상담사를 고용해 따로 상담을 진행하는 방식으로 병원을 운영해왔다.

마지막으로 다른 이에게 상담을 맡기지 않고 본인이 1시간의 정신분석적 상담을 진행하고 싶었던 의사들은 완전 비급여로 상담비를 책정했다. 그렇기에 정신분석 치료비는 보통 1시간에 10만 원에서 20만 원 정도의 금액을 환자가 부담하도록 책정되어 있다.

결국 대다수의 정신과가 자의적으로 판단해 3분 진료를 선택한 것만은 아니다. 국가 정책이 그 결정을 유도한 면도 분명 존재한다.

다행히 나는 아직도 예약제로 의원을 운영하며, 한 사람당 20분의 진료 시간을 확보해놓는다. 진료일 중 절반은 조금 더 길게 상담을 해야 하는 분들과 40분씩 이야기를 나눈다. 이는 내가 특별히 양심적이거나 돈 욕심이 없어서가 아니다. 나쁜 아니라

요즘에는 길게 진료하는 의원이 꽤 있고, 동기 대부분도 비슷한 형태로 진료를 한다.

이러한 변화 또한 국가 때문이다. 2018년, 정신과 진료 확대의 필요성을 인식한 정부가 수가를 인상한 덕에, 진료 중 절반은 하루에 10명 남짓한 분들과 길게 상담하는 것도 가능해졌다. 물론 그런 날은 다른 날에 비해 수입이 훨씬 낮지만, 신념과 현실이 타협 가능한 정도이기에 지속하고 있다.

÷

개인 의원을 운영하며 알게 된 두 번째 사실은 꽤 많은 환자들이 3분 진료를 원하며, 그 방식이 가성비 높은 진료 형태라는 것이다. 대부분의 정신 질환을 치료하는 최선의 방법은 약물과 상담의 병행이다. 하지만 시간이 없어서, 경제적으로 여유가 없어서, 혹은 누군가에게 마음을 털어놓는 것이 꺼려져서 약물 치료만 원하는 사람도 많다. 나도 진료 시간을 20분으로 배정해 놓았지만, 3분 만에 진료가 끝나는 경우가 꽤 있다. 그렇다고 효과가 크게 부족한 것도 아니다. 내인성 우울증, 공황장애, 성인 ADHD 등 생물학적 요인의 비중이 큰 질환의 경우 아주 짧은 진료와 약물치료만으로도 잘 호전된다.

과거 짧은 진료에 실망했던 분들에게서 "왜 정신과에서는 상담을 안 해요?"라는 질문을 자주 받는다. 할 말이 없다. 팩트였으니까. 다만 찾아보면 생각보다 다양한 선택지가 있다는 말씀을 드리고 싶다.

패스트푸드, 국밥집, 이탈리안 레스토랑, 호텔 뷔페, 한정식 집. 모두 같은 음식점이지만 다르다. 어떤 곳이 더 우월한 식당이라고 일렬로 줄 세울 수 없다. 음식점마다 제공하는 서비스가 확연히 다르고, 따라서 선호도도 사람마다 다르다. 고급 한정식 집에 찾아가서 국밥집과 비교하며 가격이 비싸다고 화를 내거나, 패스트푸드를 먹으러 가서 왜 이리 차린 음식이 단출하냐고 비난하는 사람은 드물 것이다. 메뉴와 가격대, 이동 거리, 입맛 등을 고려하여 자신의 취향에 맞는 식당을 찾는다. 때로는 선택에 실패하기도 한다. 하지만 그렇다고 이후로 밥을 안 먹지는 않는다. 더 잘 맞는 식당을 다시 찾을 뿐.

정신과도 크게 다르지 않다. 약물치료, 약물과 상담 병행, 정신분석, 인지행동치료 등 서로 다른 서비스를 제공하는 곳들이 있다. 메뉴와 시간, 가격이 모두 다르다. 입에 맞는 식당을 찾기 위한 노력이 필요하듯, 때로 후회하는 식사를 하게 될 때도 있듯, 정신과도 그렇다.

　진료 시간이 짧다고 나쁜 의사와 나쁜 병원인 것도 아니고, 진료 시간이 길다고 무조건 좋은 의사와 좋은 병원이 아니다. 다른 곳보다 비싸다고 꼭 부도덕한 곳도 아니고, 저렴하다고 무조건 양심적인 곳도 아니다. 여러 사람에게 좋은 평가를 받아도 나에겐 맞지 않을 수 있다.

　그렇기에 어떤 정신과에 가야 하는지 물어보는 분에게는, 최소 두세 군데는 전화해 메뉴와 가격을 확인하라고 권한다. 그리고 설령 한두 곳에서 실망하더라도 치료를 쉽게 포기하지 않으셨으면 한다는 당부도 잊지 않는다. 내 인생의 맛집이 한두 곳은 있듯, 내 인생의 정신과가 어딘가 분명 있을 테니까.

잘 모르는 사람들의
무책임한 말들

"5년, 10년 뒤에는

많은 것이 바뀌어 있으리라 믿고 싶다"

얼마 전 한 기사가 눈에 확 들어왔다. 기사에 실린 사건을 요약하자면 이렇다. 담임교사의 지속적 폭언을 들은 초등학생에게 이전에 없던 다리 마비가 생겨 걷지 못하는 상태가 됐다는 내용이었다. 그 인터넷 기사에 달린 댓글은 다양했다. 교사를 비난하는 말, 한쪽 말만 들으면 안 되고 교사의 말도 들어봐야 한다는 말. 그중 다수를 차지하는 댓글은 이런 것이었다.

"욕해서 다리 마비시킬 정도면 초능력자 아닌가?"

"말로 다리가 마비되면 의학계 보도될 감이네."

"잘잘못은 따져봐야 하는 것이지만, 여기서 팩트는 아무리 폭언을 들어도 다리가 마비될 방법은 없다는 것."

나는 사건의 자세한 내막은 모른다. 그리고 학부모의 주장대로 담임교사의 지속적 폭언이 아이의 다리 마비를 유발한 직접적인 원인인지 알지 못한다. 아이를 직접 진료하지 않았으니 아이에게 실제 질환이 존재하는지, 진단명이 무엇인지도 정확히 대답할 수 없다. 하지만 정신과 의사로서 의학적 팩트를 말하자면, 정신적 스트레스로 인해 다리가 마비되는 일은 충분히 가능하다.

이런 신기한, 어찌 보면 속임수 같고 어찌 보면 기적 같은 케이스들은 100년도 넘는 이전부터 정신의학계에서 꾸준히 보고되어 왔고 지금은 특정한 질환으로 분류되어 있다. 이는 특히 현대 정신의학의 시작점인 프로이트가 정신분석학을 발전시키게 된 계기이기도 하다. 프로이트가 최초로 자유연상을 활용해 치료한 환자가 이 경우였는데, 해당 여성의 다리 마비는 언니의 장례식장에서 시작되었다. 형부를 흠모하면서도 언니에 대한 죄책감으로 감정을 의식 아래로 밀어 넣기만 했던 그 여성은, 언니의 장례식장에서 '이제 형부는 자유의 몸이 되었다'라는 생각이 불현듯 떠올랐다고 한다. 형부를 향한 애정과 언니에게 느끼는 죄책감, 이 두 가지 감정의 강렬한 충돌로 생긴 내적 갈등이 신체 증상으로 전환되어 다리 마비가 나타났다. 그리하여 붙여진 이 질환의 이름은 '전환 장애(conversion disorder)'다. 무의식이 만들어낸 다리 마비의 의미에 대해선 다양한 해석이 가능하다. 해서는 안 될 생각을 한 자신에게 내리는 처벌의 의미가 있을 수도, 형부와 결혼할 수 없는 이유를 만들어낸 것일 수도 있으며, 내적 갈등을 잊기 위한 도구로 마비 증상을 만들어내 그것에만 신경 쓰는 것일 수도 있다.

    너무 옛날이야기이고, 지나치게 특수한 케이스일까?

                                    ⊹

    갑작스럽게 시력이 상실되어서, 또는 팔이나 다리가 마비되어서 응급실로 찾아오지만 안과나 신경과에서는 어떠한 이상도 발견되지 않아 정신과에서 진료하게 되는 일이 지금 이 순간에도 어디선가 흔하게 일어나고 있다. 또한 정도의 차이는 있지만 심리적 스트레스가 신체적 증상으로 나타나는 경우는 우리

일상에서도 쉽게 찾아볼 수 있다. '사촌이 땅을 사면 배가 아프
다'라는 속담부터, 중요한 일이나 시험을 앞두고 복통이나 두통
을 경험하는 사람은 수없이 많다. 만성 소화불량으로 인해 찾아
간 내과에서 항불안제를 처방받는 것은 흔한 일이다. 통증에 효
과 있는 몇몇 항우울제의 경우 정신과보다 신경외과와 통증클리
닉 등에서 더 많이 처방되고 있다.

　　물론 스트레스를 받는다고, 심한 내적 갈등을 겪는다고 누
구나 이런 증상을 경험하는 것은 아니다. 그렇기에 많은 사람이
자연스럽게 꾀병의 가능성을 머릿속에 떠올리게 된다. 실제로
꾀병 환자는 매우 많다. 2차 이득을 노리고 병원에 찾아오는 사
람, 보험금을 목적으로 작은 교통사고 후 심각한 기억력 저하를
호소하는 사람, 입대 회피를 목적으로 환청이 들린다고 주장하
는 사람, 교도소에서 벗어나 병원에서 지내고픈 목적으로 팔이
마비되었다는 사람 등 지금 내 머릿속에 스쳐 지나가는 가짜 환
자만 해도 한둘이 아니다.

　　하지만 신체 증상 장애(과거 신체화 장애, 신체형 장애 등으로
구분되던 질환을 통합해 일컫는 말)나 전환 장애는 꾀병과는 분명히
다른 진짜 질환이다. 2차 이득을 노리고 의도적으로 증상을 만
들어내는 것이 아니며, 따라서 의식적으로 증상을 조절하지 못

한다. 자세히 언급할 수는 없지만 진짜 증상인지 아닌지 감별하는 정신과 의사들만의 무기도 있다. 본인은 의사를 완벽히 속였다고 생각하겠지만, 실상은 대부분 알면서도 '당신은 꾀병이군요'라고 차마 말할 수 없었을 뿐이다.

또한 현대 의학은 이런 설명되지 않는 신체 기능 이상이 온전히 심리 작용에 의한 것만은 아님을 밝혀내고 있다. 여러 연구가 전환 장애 환자의 경우 양쪽 대뇌반구의 연결이 저하되어 있고, 스트레스 호르몬인 코르티솔이 과도하게 상승되어 있음을 밝혀냈다. 이로 인해 뇌에서 신체 감각을 인식하는 기능이 정상적으로 작동하지 않고 차단되어 있어 신체 기능의 마비가 나타나는 것이다. 이는 전환 장애가 다른 연령대에 비해 10세에서 15세 사이에 더 많이 발병하는 경향성을 설명해주는 근거가 된다. 아직 발달 중인 미성숙한 뇌가 심각한 스트레스 상황에 놓이면 신체 기능 오류가 발생할 수 있다는 것이다. 또한 충분한 휴식을 취하면 대부분 2주 이내 증상에서 회복되는데, 이 역시 스트레스 호르몬의 정상화와 관련이 있다. 눈에 보이지 않을 뿐, 지극히 과학적이고 물리적인 신체 반응인 것이다.

뇌와 사람의 정신세계는 참 신비하다. 아직도 밝혀지지 않은 것, 쉽게 이해되지 않는 현상이 너무 많다. 그렇기에 잘 모르는 것에 대해 오해할 수도 있을 것이다. 하지만 한편으로는 이런 생각도 든다. 심한 정신적 스트레스로 인해 다리가 마비되는 것이 이상해보일 수 있겠지만, 얼굴 한 번 보지 못한 아이를 꾀병으로 확신하고 상처가 될 말을 하는 것이 더욱 이상한 일 아닐까?

-¦-

이러한 오해와 편견들은 정신 질환이 '뇌의 질환'이라는 진실을 받아들이지 못했기에 나타나는 것이다. 정신 질환은 뇌의 질환이다. 췌장의 이상이 당뇨병을 유발하듯, 심혈관계의 이상이 고혈압, 고지혈증, 심부전, 심근경색 등을 유발하듯, 뇌 신경계의 이상이 다양한 정신 질환을 유발한다.

사람의 뇌는 컴퓨터와 비슷하다. 컴퓨터가 고장 나는 데는 보통 세 가지 이유가 있다. 높은 곳에서 떨어지거나 합선되는 등의 물리적으로 충격을 받았을 때, 바이러스에게 공격당했을 때, 마지막으로 과부하가 걸렸을 때. 사람의 뇌 신경계 역시 비슷한 이유로 이상이 발생한다. 물리적인 타격, 세균-바이러스 등 병원체나 알코올 등 외부 물질에 의한 공격, 마지막으로는 과도한 스트레스. 그렇다면 이 스트레스에는 어떤 것들이 있을까? 왜 동일한 스트레스 상황에서도 누군가는 정신 질환에 걸리지 않는 것일까?

수많은 연구 결과와 평생을 이 업에 종사해온 사람들의 공통적인 결론은 이렇다. 우울증을 비롯한 정신 질환의 발병엔 생물학적 요인, 심리적 요인, 사회 환경적 요인 세 가지가 모두 작용한다. 자신의 탓이 아니기에 너무 안타깝지만 생물학적으로 다소 취약성을 타고난 이들, 즉 정신 질환의 가족력이 있는 이들이 정신 질환에 더 잘 걸린다. 이런 생물학적 취약성은 분명히 존재한다. 똑같이 패스트푸드를 자주 먹어도 누군가는 근육질 몸매를 유지하고 누군가는 쉽게 성인병에 걸린다. 평생 흡연해도 암에 걸리지 않고 장수하는 경우도 있는 반면, 이른 나이에 암에 걸리는 경우도 있다. 비슷하게 가정폭력이 심각한 집에서 자라난 이들 중에서도 누군가는 건강하게 자라 원하는 바를 성취하며 살아가는 반면, 누군가는 평생 트라우마에 시달리며 고통스러운 인생을 보낸다. 절대 병에 걸린 이들을 약하다고 탓하려는 것이 아니다. 그저 사람마다 각자 취약한 신체 부위가 다를 뿐이다.

나머지 두 요인 역시 정신 질환에 큰 영향을 미친다. 같은 상황에서도 부정적으로 생각하는 습관을 가진 사람, 심하게 착

취적인 직장과 폭력적인 가정에서 지내는 사람이 그렇지 않은 이들에 비해 정신 질환에 취약할 것은 명백하다.

사람마다 이 세 가지 요인이 차지하는 비중이 각각 다르기에, 어떤 사람은 몇 년간 상담받아도 낫지 않던 우울한 감정이 약물치료 한 달 만에 깨끗이 낫기도 하고, 심리적인 문제가 큰 어떤 이는 백날 약을 써도 완쾌되지 않는다. 또 어떤 이는 약물치료나 상담 없이 환경만 바뀌어도 금세 호전되기도 한다. 하지만 안타깝게도 환경적인 요인은 정신과 의사가 손댈 수 없는 경우가 많기에 약물치료와 상담치료를 병행하는 것이 가장 좋은 치료법이다.

우울감과 자살 생각, 공황발작, 불안, 강박, 환청, 망상, 심각한 집중력 부족, 만성적 무기력, 모두 뇌의 이상으로 발생하는 증상들이다. 따라서 그러한 이상을 보완해줄 수 있는 정신과 약물이 효과를 나타내는 것은 너무도 당연한 것이다. 해열제가 열을 내리는 것과, 당뇨약이 혈당을 내리는 것과 다를 것이 없다. 이 효과를 매일 목격하며 지내고 있다. 가끔은 나도 깜짝 놀랄 만큼의 큰 효과를 볼 때도 있다. 내가 의도하지 않았던 효과를 볼 때도 잦다. 공황장애로 항우울제를 처방받은 분이 생리 전 감정 기복이 사라졌다며 깜짝 놀라신다. 평생을 괴롭혀 온 무기력이 사라졌다며 그저 게으른 성격인 줄 알고 살아왔던 지난 시간을 후회하기도 한다. 매번 진료마다 지각하던 분이 어느 순간부터 한 번도 늦지 않고 제 시간에 나타난다. 항상 싸우던 집안이 평화로워졌다며 가족 모두 항우울제를 '착해지는 약'이라 부르기도 한다. 아기 울음소리에 짜증이 솟고 미쳐버릴 것 같아 자책하던 분이 요즘은 아이가 너무 예뻐 보인다 말한다. 부정적인 뉴스 때마다 겁에 질려 집밖에 나가지 못하며 살아왔는데, 다른 사람들은 이런 편안한 마음으로 산다는 것을 이제야 깨닫게 되었다고 말한다. 피부에 대한 강박으로 하루 종일 거울만 보던, 진료실에 올 때도 거울을 들고 오던 분이 이제는 거울을 어디다 뒀는지 까먹었다고 웃으며 말한다. 식당 종업원에게 말을 못 걸고 진료실에서도 고개 한 번 들지 못하던 분이 클럽에 가서 만난 이성과 교제를 시작했다고 내 눈을 바라보고 웃으며 말한다.

✛

정신 질환은 뇌의 질환이며, 그렇기 때문에 약물에 의해 증상이 조절될 수 있다는 너무도 당연하고 과학적인 사실. 계속해서 이 사실을 부정하는 이들은 크게 세 가지 부류로 나눌 수 있다. 첫째는 무지한 경우다. 둘째로는 자신의 이권이 결부되어 있는 경우다. 그렇기에 더욱 더 현대 정신의학의 한계점과 문제점을 과장해서 이야기하며 환자와 가족의 공포를 자극한다. 마지막이 참 안타까운데, 본인이나 주변인이 현대 정신의학 치료를 선택했음에도 부정적인 경험을 한 경우다. 위에 여러 번 언급했듯 현대 의학에는 한계가 있다. 나는 결코 현대 의학의, 약물치료의 완벽함을 주장할 생각이 없다. 나 역시 무력함과 죄송함을 느낄 때가 잦다. 내가 처방하는 약이 제발 잘 듣기를, 누군가의 힘듦을 조금이라도 덜어줄 수 있기를 진심으로 바라며 마음속으로 짧게나마 기도한다. 눈앞에서 괴로움을 토로하는 환자를 보고 있으면, 자연스럽게 기도하는 마음이 된다. 하지만 현실은 우리의 희망대로 흐르지만은 않는다. 안타까울 때가 많다. 정말 다 낫게 해주고 싶은데, 정말 진심으로 그렇게 해주고 싶은데 계속해서 무거운 증상을 안고 살아가는 분이 많다. 분명히 조금은 더 좋아질 테니 잘 견뎌보자는 내 말에 사는 게 참 힘들다며 쓴웃음으로 답하고 나가는 분의 뒷모습을 보면 큰 안타까움을 느낀다. 나의, 현대 의학의 부족함을 절실히 느낀다.

불완전한 치료 방법이라고 해서 분명 많은 사람의 어려움을 없앨 수 있는 도구를 사용하지 않을 수는 없다. 그들의 치료 기회를 앗아가는 오해와 편견을 가만히 둘 수도 없다. 치료 실패보다는 성공 확률이 더 높기 때문이다. 전 국민의 네 명 중 한 명이 평생 한 번은 정신 질환을 경험한다고 한다. 이렇게 많은 이들이 걸릴 수 있는, 누구나 걸릴 수 있는, 제때 치료받으면 깔끔히 나을 수 있는 질환을 언제까지 의지가 약해서 생기는 문제라고 치부해야 할까? 자신의 의지와 상관없이 불운하게 병을 가진 것을 스스로의 잘못으로 받아들이며 계속 숨어 지내야만 할까? 정신 질환자들에게 귀신 들렸다며 굿을 하고 마녀 사냥을 하던 수백 년 전의 세상과 다를 게 무엇인가?

그래도 정신과를 바라보는 사회적 시각이 지난 몇 년간 많이 변했다는 것을 느낀다. 여러 사람이 자신의 아픔을 용감하고 솔직하게 고백하고, 그 이야기를 담은 책들이 베스트셀러가 되기도 한다. 조현병 환자를 주인공으로 한 드라마도 있었다. 팟캐스트 하는 정신과 의사가 주인공인 드라마가 제작된다는, 나로선 특히 더 놀라울 수밖에 없는 소식도 들린다. 심리 상담을 주제로 한 프로그램을 만들고 싶다며 자문을 요청하는 방송국 피디들을 최근 몇 달 사이에만 수차례 만나기도 했다. 분명 큰 변화다.

하지만 더 욕심을 내고 싶다. 여전히 만족할 수 없다. 많이 변했다고 하지만, 사회 내 다른 영역들의 변화에 비하면 그 속도가 더디고 아직 갈 길이 멀다. 몇 년 전만 해도 사람들이 너무 당연하게 했던 여러 발언들이 지금은 사회적으로 용납되지 않는다. 꼰대의 발언으로, 성차별적인 발언으로, 개념 없고 비상식적인 발언으로 취급받으며 그 발언자에게 공격이 가해진다.

정신과와 정신 질환을 대하는 우리 사회의 자세도 이렇게 되었으면 좋겠다. 그 질환을 가지고 있는 분들이 '우린 정상이에요!'라고 용기 있는 목소리를 내는 것을 넘어, 나머지 사회 구성원들이 그 목소리를 지지하고 적극적으로 지켜줬으면 좋겠다. 시대에 뒤떨어진, 비과학적인, 비상식적인 발언을 하는 이들의 발언을 더 이상 허용하지 않았으면 좋겠다. 너무 꿈만 같은 이야기일까? 5년, 10년 뒤에는 분명 많은 것이 바뀌어 있으리라고 믿고 싶다. 이 책 또한 그 변화에 기여하는 작은 불씨가 되었으면 좋겠다.

참고문헌

1. 김영하 지음,《여행의 이유》, 문학동네, 2019.

2. 미국정신분석학회 지음,《정신분석용어사전》, 이재훈 옮김, 한 국심리치료연구소, 2002.

3. 스캇 펙 지음,《아직도 가야 할 길》, 최미양 옮김, 율리시즈, 2011.

4. 신순규 지음,《눈 감으면 보이는 것들》, 판미동, 2015.

5. 신형철 지음,《슬픔을 공부하는 슬픔》, 한겨레출판, 2018.

6. 일자 샌드 지음,《센서티브》, 김유미 옮김, 다산북스, 2017.

어쩌다 정신과 의사

첫판 1쇄 펴낸날 2020년 7월 27일
9쇄 펴낸날 2024년 11월 11일

지은이 김지용
발행인 조한나
편집기획 김교석 유승연 문해림 김유진 곽세라 전하연 박혜인 조정현
디자인 한승연 성윤정
마케팅 문창운 백윤진 박희원
회계 양여진 김주연

펴낸곳 (주)도서출판 푸른숲
출판등록 2003년 12월 17일 제2003-000032호
주소 서울특별시 마포구 토정로 35-1 2층, 우편번호 04083
전화 02)6392-7871, 2(마케팅부), 02)6392-7873(편집부)
팩스 02)6392-7875
홈페이지 www.prunsoop.co.kr
페이스북 www.facebook.com/prunsoop **인스타그램** @prunsoop

* 잘못된 책은 구입하신 서점에서 바꾸어 드립니다.
* 본서의 반품 기한은 2029년 11월 30일까지입니다.